KB272493

대화의 기술

인간관계를 변화시키고 마음을 읽는 10가지 대화법

COMMUNICATION SKILLS

대화의 기술

정정숙 지음

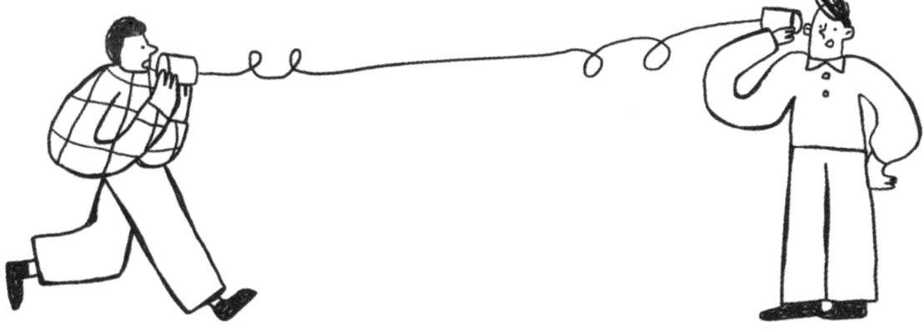

행복플러스

인공지능이 가르쳐 주지 않는 대화의 기술

오늘날 우리는 인류 역사상 가장 눈부신 기술적 진보의 정점에 서 있으나, 아이러니하게도 그 어느 때보다 깊은 단절의 골짜기를 지나고 있다. 인공지능이 연애편지를 대신 쓰고 손가락 하나로 지구 반대편의 소식을 실시간으로 확인하는 시대이지만, 정작 바로 곁에 있는 이의 숨겨진 슬픔이나 내 아이의 소리 없는 비명을 알아차리는 일은 점점 더 어려워지고 있다. 초연결사회(Hyperconnected Society)라는 화려한 수식어 뒤에서 현대인은 극심한 고립과 소통의 허기에 시달리는 중이다.

대화는 단순한 정보의 교환을 넘어선 존재의 공유다. 텍스트와 이모티콘이 감정의 자리를 대신하고, 짧고 자극적인 소통에 익숙해진 현대인들에게 진실한 대화는 일종의 숭고한 노력이자 반드시 연마해야 할 생존 기술이다. 인간은 관계 속에서 존재의 의미를 찾고 성장을 이루는 존재이기에 소통의 부재는 단순한 불편함을 넘어 정신적 황폐화와 가정의 붕괴, 나아가 사회적 갈등의 근본 원인이 된다. 따라서 현대 사회에서 제대로 된 대화 기술을 배우는 것은 단순한 처세술의 습득이 아니라, 무너진 관계를 복원하고 인간다운 삶을 회복하기 위한 가장 절박한 전략이다.

마음을 움직이는 대화는 타고난 언변으로 완성되지 않는다. 그것은 타인의 마음밭을 정성스럽게 살피는 태도이며, 갈등 상황에서도 상대의 가치를 존중하고 자신의 진심을 정직하게 전달하는 훈련의 산물이다. 우리는 그동안 쉼 없이 '말'을 하며 살아왔으나, 상대의 영혼에 닿는 '대화' 방법은 충분히 배우지 못했다. 비난과 방어, 회피와 무시라는 익숙한 관성에서 벗어나 공감과 수용, 따뜻한 직면의 언어를 선택할 때 비로소 관계의 기적이 시작된다.

20년 전 메리 오트와인(Mary Ortwein) 여사로부터 대화의 기술을 전수 받은 일은 내 생애 가장 값진 자산이자 형언할 수 없는 은총이다. 2년 넘게 그분의 세심한 지도 아래서 대화의 정수를 연마하며 소통의 본질을 탐구했던 여정은 참으로 귀한 경험이었다. 이 가르침의 뿌리는 본서의 학술적 근간이 된 『사랑의 미스터리를 푸는 대화 기술(*Mastering the Mysteries of Love*)』의 저자 버나드 거니(Bernard G. Guerney, Jr.) 박사에게 닿아 있다. 거니 박사와 연구진이 펜실베이니아주립대학교에서 40여

년간 쌓아온 관계 향상 프로그램은 수많은 위기 가정을 구제했던 소중한 결실이다. 지난 20년간 필자가 패밀리터치(Family Touch) 사역 현장에서 직접 그 탁월함을 입증해 온 이 대화 기술은 이제 독자 여러분의 관계를 회복시키고 삶의 온기를 되찾아줄 강력한 도구가 될 것이다.

본서는 다음 네 가지 핵심 기둥을 통해 관계 해법을 제시한다.

- [이해와 표현] 판단을 멈추고 서로에게 '심리적 산소'를 공급하는 법

- [토의와 갈등 해결] 막힌 감정의 혈관을 뚫고 다시 흐르게 하는 법

- [용서와 유지] 상처를 봉합하고 그 온기를 평생 지켜내는 법

- [변화와 유지 기술] 평생 지치지 않는 관계의 근육을 만드는 법

20~30대들에게 이 책은 모니터 뒤의 '좋아요'보다 강력한 실제적 공감을, 부부와 가족에게는 관계를 구원하는 구체적인 실천 사례를, 그리고 리더에게는 데이터가 포착하지 못한 마음을 읽는 전략적 도구를 제공한다. 무엇보다 급변하는 시대를 살아가는 우리가 대화라는 가교를 통해 어떻게 자신과 타인을 치유하고 연결될 수 있는지를 깊이 있게 탐구한다. 또 복잡한 이론에 머물기보다 삶의 현장에서 즉시 적용할 수 있는 구체적인 기술들을 담아내고자 노력했다. 진심 어린 대화 한마디가 한 사람의 인생을 바꾸고 얼어붙은 가정을 녹이는 가장 강력한 에너지가 된다는 믿음을 독자들과 나누고 싶다.

언어는 그 사람의 인격이자 품격의 현현이다. 내가 사용하는 언어가

곧 내가 어떤 사람인지를 비추는 거울이기 때문이다. 이전 저서인『감사, 변화의 시작』집필 후 중소기업 CEO 모임에서 강의하면서 깊은 영감을 받은 적 있다. 기업 내에 '감사 문화'를 도입해 구성원의 행복과 생산성을 높이려고 애쓰던 한 경영자는 "감사 문화가 제대로 작동하려면 결국 '대화'가 그 핵심 열쇠"라는 놀라운 통찰을 전해 주었다. 그 대화에서 얻은 과제가 본서의 출발점이다. 그동안 연구하고, 책을 쓰고, 실천해 온 대화 훈련의 경험을 이 책에 쏟아부은 이유다.

이제 익숙한 침묵과 오해의 굴레를 벗어던지고, 사람의 마음을 얻고 생명을 살리는 소통의 여정을 시작해야 할 때다. 당신이 사랑하는 사람들과 다시 연결될 준비가 되었다면 이 책은 그 절박하고도 아름다운 재회를 돕는 가장 다정한 가이드가 될 것이다.

차례

1부

대화의 기초

1장

대화, 우리가 배워야 할 관계의 기술

대화를 처음 배우는 곳은 학교가 아니라 가정이다. 갓 태어난 아이는 부모와 가족의 말하는 모습을 보고 들으며 세상을 만난다. 어른들을 대화의 첫 선생님 삼아 그들의 입 모양을 흉내 내고, 표정과 목소리 톤을 따라 하며 옹알이를 시작한다. 단어가 구절이 되고, 구절이 문장이 되어가는 아이의 성장을 지켜보는 것은 부모에게 비할 데 없는 기쁨이다. 예쁜 말, 바른말이 아니더라도 그저 소통을 시도하는 아이의 모습에 가족들은 박수갈채를 보낸다.

문제는 자신이 배우는 대화가 '건강한 것'인지 '파괴적인 것'인지 아이는 분별하지도 못한 채, 자신만의 고유한 대화 패턴을 고착화한다는 점이다. 그리고 안타깝게도 우리는 대부분 부모 세대로부터 물려받은 부정적인 대화 패턴을 그대로 간직한 채 평생 살아간다. 대화의 기술을 새롭게 배우기 전까지 우리의 대화는 부모의 뒷모습을 닮은 '복사본'일 수밖에 없다.

사랑하는 부부 사이, 부모와 자녀 사이, 그리고 상사와 부하 직원 사이에서 발생하는 수많은 갈등의 이면에는 '불통'이 자리 잡고 있다. 소통의 부재는 갈등과 원망, 심지어 저주라는 독버섯을 키워 소중한 관계를 은밀히 갈라놓는다.

가족 치료의 어머니라 불리는 버지니아 사티어(Virginia Satir)는 가족의 정서적 건강을 가늠하는 척도로 다섯 가지 대화 패턴을 제시했다. 놀랍게도 그중 네 가지는 관계를 해치는 파괴적인 유형이며, 단 한 가지만이 건강한 유형이다.

1. 회유형(Placating): 자신의 감정은 무시한 채 타인의 기분에 맞추려고 애쓰는 유형

2. 비난형(Blaming): 타인을 통제하고 비난하지만, 속으로는 외로움과 실패감을 느끼는 유형

3. 초이성형(Super-reasonable): 자신과 타인을 모두 무시하며, 냉담하고 완벽하게만 말하려는 유형

4. 산만형(Irrelevant): 정서적 혼란으로 인해 주제와 상관없는 말이나 행동을 하는 유형

5. 일치형(Congruent): 말의 내용과 내면의 감정이 솔직하게 일치시키려

는, 건강한 유형

사티어는 상담과 교육을 통해 가족들이 이 네 가지 병든 패턴을 버리고, 서로의 진심을 전달하는 '일치형 대화'를 하도록 이끌어 관계의 회복을 도왔다. 나 역시 상담 현장에서 파괴적인 대화 패턴이 부부 관계를 얼마나 심각하게 무너뜨리는지 수없이 확인했다. 부부의 대화 모습만 봐도 문제의 깊이를 가늠할 수 있을 정도다. 나는 상담을 통해 그들이 잘못된 습관을 버리고 건강한 기술을 실습할 수 있도록 과제를 내주었다. 대화의 내용과 자세가 달라지면 얼어붙었던 가족 관계에는 반드시 긍정적인 변화의 봄바람이 불어오게 마련이다.

에리히 프롬(Erich Fromm)은 『사랑의 기술』에서 현대인의 모순을 날카롭게 지적했다. 인간은 사랑을 갈망하면서도 정작 성공, 체면, 돈과 권력을 사랑보다 우위에 두고 모든 에너지를 쏟느라 '사랑하는 기술'은 배우려 하지 않는다는 것이다. 대화 역시 마찬가지다. 부부간에 말이 안 통한다고 답답해하고 자녀와의 불통에 분노하면서도 정작 '대화의 기술'을 배울 생각은 하지 않는다. 그저 "나는 잘하는데 상대방이 문제"라며 비난의 화살을 쏠 뿐이다.

이러한 현상은 직장과 공동체에서도 반복된다. 상사를 향해, 또는 직원을 향해 소통이 안 된다며 푸념을 늘어놓지만, 정작 대화가 '배워야 할 기술'이라는 사실을 인지하는 사람은 드물다.

두 사람 이상이 모인 곳에서 좋은 관계를 맺기 위한 필수 도구는 바로 '대화의 기술'이다. 이 기술은 결코 저절로 습득되지 않는다. 음악이나 미술, 의학이나 공학을 배울 때와 똑같은 노력과 실습의 과정이 필요하다. 에리히 프롬이 제시한 기술 습득의 3단계는 다음과 같다.

1단계: 이론의 습득 (이해하기)

- 본서에서 소개하는 10가지 기술의 원리를 머리로 이해하는 단계로서, '왜 이 기술이 필요한가?'에 대한 답을 찾는 과정이다.

2단계: 실천을 통한 습득 (몸으로 익히기)

- 상담실에서 내주는 과제처럼 일상에서 의도적으로 기술을 사용해 보는 단계다. 처음에는 어색하고 서툴러도 '실습' 자체에 의미를 두고 연습해 본다.

3단계: 기술의 완전한 숙달 (내 것으로 만들기)

- 운전을 배우듯 생각하지 않아도 자연스럽게 '일치형 대화'가 입 밖으로 나오는 단계다. 이 단계에 이르면 당신의 관계에는 기적이 일어난다.

이런 과정을 통해야만 어릴 적부터 몸에 밴 병든 대화의 패턴을 걷어내고, 관계를 살리는 건강한 대화의 주인으로 거듭날 수 있다.

버지니아 사티어의 5가지 유형을 기반으로 한 대화 패턴 체크리스트

"당신은 주로 어떤 모습으로 소통하고 있나요?"
다음 문항 중 평소 자기 모습과 가장 가까운 것에 체크해 보세요.

☐ 회유형: 상대방이 화가 나면 일단 내 잘못이 아니어도 사과부터 하고
본다.

☐ 비난형: 대화가 안 풀리면 상대방의 말투나 태도를 지적하며 몰아세우
는 편이다.

☐ 초이성형: 감정적인 대화는 피하고 싶다. 늘 논리적이고 객관적인 근거
만 따진다.

☐ 산만형: 진지한 분위기가 불편해서 농담하거나 자리를 피하며 화제를
돌린다.

☐ 일치형: 나의 서운함이나 기쁨을 가감 없이, 그러나 상대가 상처받지
않게 솔직히 말한다.

"일치형을 제외한 나머지 유형은 우리가 부모로부터 무의식중에 물
려받은 '심리적 생존 전략'일 뿐이다. 이제 이 낡은 옷을 벗고 '일치형'이
라는 새 옷을 입는 연습을 시작할 때다."

다시 한번 자신에게 정직하게 물어보자. '나는 과연 관계를 살리는 건

강한 대화를 하고 있는가, 아니면 관계를 파괴하는 병적인 대화를 반복하고 있는가?' 자신의 대화 패턴을 객관적으로 알고 싶다면 다음의 두 가지 질문에 답해 보자.

첫째, 가족들은 나와 대화하기를 즐거워하는가, 아니면 피하는가?
둘째, 동료나 지인들은 나와 대화하고 싶어 하는가, 그렇지 않은가?

만약 이 질문들 앞에서 '좋아한다'라는 확신 대신 주저함이나 '싫어한다'라는 답이 떠올랐다면 이제는 진지하게 고민해야 한다. '어떻게 하면 건강한 대화 패턴을 내 것으로 만들 수 있을까?' 그 고민에 대한 명쾌한 해답이 바로 이 책에 담겨 있다.

당신이 이 책의 안내를 따라 올바른 대화 기술을 배우고, 연습하고, 반복적으로 훈련하다 보면 어느새 당신은 건강한 대화 패턴의 소유자가 되어 있을 것이다. 그 변화는 건강한 가족 관계를 만드는 밑거름이 되고, 나아가 당신이 속한 공동체 전체를 건강하게 만드는 '대화의 달인'으로 당신을 성장시킬 것이다.

자, 이제 설레는 기대감을 안고 열 가지 대화 기술을 향한 여정을 시작하자. 책을 읽는 동안 중요한 부분에는 밑줄을 긋고, 마음에 남는 문장은 곱씹으며 읽어보자. 단순히 지식을 머리에 담는 것을 넘어 배운 기술을 일상에 적용하고 반복적으로 익히는 데 집중하자.

사랑을 갈망하면서도 사랑의 기술을 배우지 않는 현대인의 비극에서 이제는 벗어나야 한다. 대화는 타고난 재능이 아니라 배움과 노력을 통해 연마해야 할 '거룩한 생존 기술'이기 때문이다. 이 책의 마지막 장을 덮을 때쯤 당신은 비난의 날카로운 언어 대신 타인을 살리는 생명의 언어를 구사하는 자신을 마주하게 될 것이다.

2장

대화에 대한 관점의 전환

대화의 본질: 나눔과 상호작용

대화(communication)의 어원인 라틴어 '*communicare*'는 '함께 나눈다' 라는 뜻이다. 이는 전하고 싶은 정보나 메시지, 즉 생각과 감정, 염려나 바람 등을 상대방과 함께 나누는 것을 의미한다.

대화의 핵심 과정은 두 가지다. 첫째는 자기 생각과 기분을 상대에게 자상하게 알리는 과정이며, 둘째는 상대방의 이야기를 듣고 그가 무엇을 생각하고 느끼는지 이해하고 공감하는 과정이다. 대화는 일방통행인 독백을 넘어 실망과 좌절, 아픔과 슬픔을 나누어 가벼워지게 하고 기쁨을 배가시키는 '쌍방통행'의 경험이어야 한다.

🗨 소통의 매체: 언어보다 강한 '비언어적 요소'

앨버트 메라비언(Albert Mehrabian) 교수의 연구는 우리가 대화할 때 왜 오해를 자주 겪는지 과학적으로 설명한다. 대화에서 메시지의 전달 비중은 말의 내용인 '언어적 요소'가 단 7퍼센트에 불과하다. 나머지 93 퍼센트는 목소리의 톤이나 억양(38%), 표정과 몸짓(55%) 같은 비언어적 요소가 차지한다.

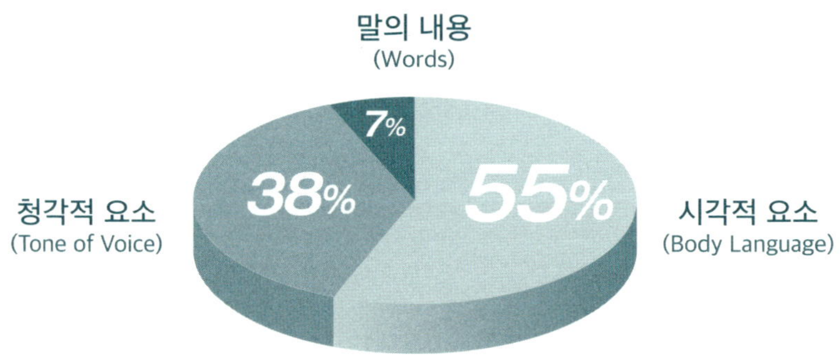

이것이 바로 디지털 소통의 치명적인 한계다. 카카오톡 같은 SNS나 이메일은 전체 메시지의 93퍼센트를 차지하는 비언어적 정보를 제거한다. 결국 7퍼센트의 언어만 남게 되어 상대의 의도를 곡해할 확률이 비약적으로 높아진다. 마침표 하나 또는 답장 속도에 불필요한 의미를 부여하며 갈등하는 이유가 바로 이 '정보의 부재' 때문이다.

심리적 장애물: 여과 장치(filtering)

사람들은 상대의 말을 있는 그대로 듣지 않고 각자의 상황에 따라 선택적으로 수용하는 '필터링' 과정을 거친다.

전통적인 4가지 필터

1. 감정: 마음의 문이 닫히면 어떠한 논리도 통하지 않는다.
2. 문화: 성장 배경과 부모와의 관계 등 개인의 역사다.
3. 신념과 태도: 개인이 굳게 믿고 있는 사고방식과 가치관이다.
4. 처지와 상황: 안팎의 스트레스와 환경적 요인을 포함한다.

이러한 필터링 현상을 쉽게 이해할 수 있는 예가 '고요 속의 외침'이라는 게임이다. 여러 사람을 거치며 말이 전달될 때 각자의 필터와 착각이 더해져 마지막 사람이 보고하는 내용은 처음과 전혀 엉뚱한 방향으로 흘러가곤 한다. 전달 내용이 복잡할수록 왜곡 현상은 더욱 심화된다.

여기에다 현대인은 '알고리즘 필터'를 하나 더 갖게 되었다. 보고 싶은 정보만 선별해 제공하는 '에코 체임버(echo chamber)' 효과로 인해 자신과 다른 의견을 가진 사람을 '관점이 다른 사람'이 아니라 '틀린 사람'으로 치부하게 된 것이다.

현대적 방해 요인: 주의력 결핍과 효율성

현대 사회의 대화는 기술과 속도에 의해 방해받는다. 대화 중에도 끊임없이 스마트폰을 확인하는 '지속적 부분 주의(Continuous partial attention)' 상태는 상대에게 존중받지 못한다는 단절감을 주면서 정서적 연결을 방해한다. 또한 대화를 효율성 잣대로만 평가하여 감정에 머무르기보다 빠르게 '결론(solution)'을 내리려는 압박은 대화의 본질인 '나눔'을 메마른 '업무 보고'로 변질시킨다.

구조적 결함: 20퍼센트의 법칙

조지 버나드 쇼(George Bernard Shaw)는 "대화 중에 일어나는 착각이야말로 커뮤니케이션의 가장 어려운 요소"라고 말했다. 대화는 발신과 수신 과정에서 심각한 정보 손실이 일어나는 과정이다.

- 발신자: 의도의 100퍼센트 중 약 70~80퍼센트만 말하고도 다 전달했

  다고 착각한다.

- 수신자: 전달된 내용의 50퍼센트만 듣고 그중 25퍼센트만 이해했지만,

  전부 알아들었다고 착각한다.

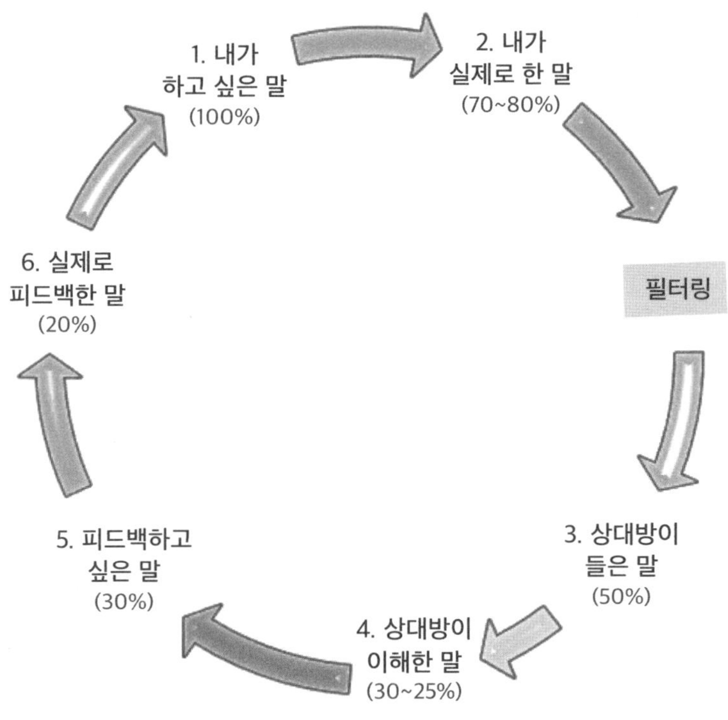

결과적으로 원래 메시지는 '약 20퍼센트'만 남게 되며, 이러한 구조적

격차가 "말했잖아"와 "못 들었어"라는 고질적인 다툼을 만들어 낸다.

1. 내가 하고 싶은 말

2. 실제로 내가 한 말

3. 상대방이 들은 말

4. 상대방이 이해한 말

5. 들은 사람이 피드백하고 싶은 말

6. 피드백하면서 실제로 한 말

💬 해결책: 관점의 전환

대화의 걸림돌을 제거하는 유일한 길은 서로의 관점이 다름을 인정하고 '상대방의 신발을 신어보는 것'이다.

다음의 그림처럼 보는 이의 시각과 각도에 따라 젊은 여인이 노파가 되기도 하고, 토끼가 오리가 되기도 한다. 누구 하나가 틀린 것이 아니라 둘 다 맞을 수 있다는 '관점의 차이'를 수용해야 한다.

💬 실습: '벽 보고 말하기'를 통한 관점의 전환

사람마다 보는 바가 다르다는 사실을 확인하는 여러 실험 중 랜드럼 부부(Jim & Nancy Landrum)의 『결혼생활 유지하기, 그리고 사랑하기(How to Stay Married & Love It!)』에서 소개된 '벽 보고 말하기(Perspective Exercise)'는 대화의 본질을 꿰뚫는 탁월한 실습이다.

1. 대치 상태: 서로 다른 풍경을 보는 두 사람

실습은 무대 위에서 두 사람이 서로 등을 맞대고 반대 방향을 향해 서는 것으로 시작한다.

- 벽을 향한 사람: 눈앞에 가로막힌 '벽' 이외에는 아무것도 보지 못한다.
- 청중을 향한 사람: 사람들, 의자, 책상, 컴퓨터, 창문 등 풍성하고 다양한 세상을 바라본다.

진행자가 "무엇이 보이느냐"고 물을 때 벽을 향한 사람은 "벽밖에 안 보인다"라고 답하고, 반대편 사람은 자신이 보는 수많은 사물의 이름을 나열한다. 벽을 향한 사람은 상대의 말을 머리로는 '진실'이라 믿지만, 자기 눈에는 보이지 않기에 그 실체를 온전히 체감하지 못하며 난처한 표정을 짓게 된다.

2. 전환의 기술: 몸을 돌려 같은 곳 바라보기

상대방의 말이 맞는지 확인하고 오해를 풀 수 있는 유일한 방법은 단순하다. 바로 몸을 돌려 상대방이 바라보는 쪽을 함께 보는 것이다.

진행자의 요청에 따라 벽을 보던 사람이 등을 돌려 배우자의 어깨너머를 바라보는 순간, 비로소 상대가 말했던 사람들, 책상, 의자, 컴퓨터가 시야에 들어온다. 물리적 위치를 바꾸자마자 상대의 언어는 비로소 나에게도 생생한 진실이 된다.

3. 실전 적용: 상대방의 입장이 된다는 것

이 실습이 주는 메시지는 명확하다. 상대방을 이해할 수 없을 때 그의 말과 행동을 해석하는 유일한 열쇠는 '상대와 같은 관점에서 바라보는 것'이다.

- 자기 입장 내려놓기: 내가 응시하던 '벽(나의 주장과 고집)'에서 시선을 거두는 결단이 필요하다.
- 공감의 실천: 단순히 고개만 끄덕이는 것이 아니라 상대방이 보는 방향을 향해 몸을 틀어야 한다.
- 입장 바꿔 보기: 상대방의 신발을 신어보고, 그의 옷을 입어보는 것처럼 그 사람의 환경과 처지 속으로 직접 들어가 보는 것이다.

이처럼 상대방의 입장에 서게 될 때 비로소 우리는 그 사람의 생각, 관심사, 걱정거리 그리고 그 이면에 숨겨진 바람과 감정을 온전히 이해하게 된다.

'벽 보고 말하기' 실습의 교훈처럼 내가 벽만 보고 있을 때는 상대방이 바라보는 세상을 결코 이해할 수 없다. 진정한 이해를 위해서는 내 입장을 잠시 내려놓고 몸을 돌려 상대가 바라보는 쪽을 함께 바라보아야 한다. 상대방의 입장이 되어 그 사람의 눈으로 세상을 보는 것, 그것이 비로소 상대의 마음과 감정에 닿는 유일한 길이다.

대화의 기술 포인트
----

1. 대화에서는 언어적 요소보다 비언어적인 요소가 더 중요하다.

2. 대화 중에 일어나는 '필터링'을 이해하자.

3. 대화의 '착각 현상'을 이해하자.

4. 대화에서 관점의 차이를 이해하자.

관계 향상시키기
----

1. "대화의 기술 포인트" 가운데 그동안 내가 잘 알고 있었던 요소는 무엇이며, 잘 알지 못했거나 오해했던 요소들은 무엇인지 서로 나눠 보세요.

2. 관점의 차이를 줄이기 위해 상대방 입장에서 듣기를 실천해 보세요.

3. 대화의 착각 현상을 줄이기 위해 내가 할 수 있는 일 한 가지를 적고 나눠 보세요.

2부
대화의 기술

1장

듣고, 듣고 또 듣는 **이해의 기술**

인간은 입이 하나, 귀가 둘 있다.
이는 말하기보다 듣기를 두 배 더하라는 뜻이다.

— 『탈무드』

이해하려고 노력하지 않으면 우리는 판단과 거부와 조작으로 이끌린다.
이해하려고 하면 수용과 참여가 생긴다. 이 두 길 중에서 후자만이
훌륭한 가족생활을 가능케 하는 원칙에 바탕을 둔 것이다.

— 스티븐 코비(Stephen Covey)

오늘날 우리는 그 어느 때보다 소셜 네트워크를 통해 촘촘하게 연결
되어 있지만, 역설적으로 그 어느 때보다 고립되어 있다. 짧은 텍스트

와 이모티콘이 대화를 대신하는 '가성비 소통'의 시대를 살고 있기 때문이다.

기쁘면 '대박', 당황하면 '헐', 놀라면 '미쳤다'라는 몇 마디로 모든 감정이 수렴되곤 한다. 편리하고 강렬하지만, 우리가 누려야 할 풍성한 감성 언어들은 어느새 단조로운 외침으로 박제되었다. 심지어 삶이 고달플 때 '이생망'이라는 세 글자에 자신을 가두기도 한다. "말이 씨가 된다"라는 옛말처럼 자조 섞인 밈(meme)은 타인과의 소통을 단절시킬 뿐만 아니라 자신의 가능성마저 차단하는 '심리적 방화벽'이 된다.

'대박'이라는 환호 뒤에는 인정받고 싶은 욕구가,

'미쳤다'라는 경탄 뒤에는 함께 나누고 싶은 전율이,

'이생망'이라는 한숨 뒤에는 따뜻한 격려에 대한 갈망이 있다.

비슷하게 미국 젊은이들은 즐거운 상황에서 소리 내어 웃는 대신, '엘오엘(LOL)'이라 외친다. 이런 모습을 볼 때면 묘한 기분이 든다. 본래 'LOL(Laugh Out Loud)'은 배꼽을 잡고 크게 웃는 역동적인 상태를, 'OMG(Oh My God)'는 온몸으로 느끼는 경탄을 의미한다. 하지만 이 감정들이 약어로 치환되어 입 밖으로 튀어나오는 순간, 풍부한 울림은 차가운 '기호' 안에 갇히고 만다. 소통의 온도가 오직 효율만을 따지는 데이터 전송으로 변해가는 것이다.

자극적인 유행어가 입에는 달콤할지 모르나, 마음을 채우는 공감을 위한 영양가 측면에서는 부족하다는 생각이 든다. 아이들이 웃음 대신 'LOL'을 말하고, 청년들이 절망을 '이생망'으로 요약할 때 그 이면에는 '내 마음을 더 세밀하게 알아달라'는 소리 없는 외침이 숨어 있다.

이제 압축된 언어 속에 들어 있는 대화의 본질인 '이해와 공감'을 회복하도록 하자. 신조어나 약어 속에 담긴 의미를 잘 이해하고 상대의 눈을 맞추며 함께 웃어주는 법을 연습해 보자. '이생망'이라며 한숨짓는 이에게 "오늘 많이 힘들었구나. 그래도 나는 늘 네 편이야"라고 건네는 진심 어린 위로와 격려를 선물해 주자. 대화는 단순히 정보를 주고받는 행위가 아니라 서로의 영혼을 향해 조심스럽게 보내는 '영혼의 울림'이기 때문이다.

'이해하다'를 뜻하는 영어 단어 'understand'는 '아래'를 의미하는 'under'와 '서다'를 의미하는 'stand'가 결합한 형태다. 즉 단어의 어원을 따라가면 '누군가의 아래에 선다'라는 겸손한 의미가 담겨 있다. 타인을 온전히 이해하기 위해서는 그 사람의 아래, 즉 상대방의 입장에 서 보아야 한다는 뜻이다.

이보다 더 명료하게 이해의 본질을 설명하기는 어렵다. 결국 '이해의 기술'이란 상대방의 관점으로 세상을 바라보고 느끼며, 그렇게 이해한 바를 자신의 언어로 피드백해 주는 과정이다. 이 과정을 통해 우리는 상대에게 '친밀감과 공감'이라는 고귀한 선물을 건네게 된다. 비록 모든 대화의 기술 가운데 이해의 기술이 가장 연마하기 어렵고 많은 시간이 소요되지만, 그만큼 가치 있는 노력이다.

🗨 이해하기 위해 깊은 관심과 몰입의 자세로 경청하자

성공적인 대화에서 언어적 요소보다 비언어적 요소가 메시지 전달에 압도적인 영향을 미친다는 사실은 이미 증명된 바 있다. '메라비언의 법칙(Law of Mehrabian)'에 따르면 청각적 요소와 시각적 요소가 전체 소통의 93퍼센트를 차지한다. 즉 상대방의 표정과 태도를 세밀하게 살피고 경청하지 않는다면 메시지의 본질을 결코 완벽히 파악할 수 없다. 효과적인 대화를 위해서는 무엇보다 바른 경청의 자세를 확립하는 것이 우선이다.

한자어 '경청'을 풀이하면 우리가 지향해야 할 구체적인 태도가 드러난다. '기울 경(傾)'은 말하는 이를 향해 예의를 갖추고 몸과 마음을 정중히 기울이는 자세를 의미한다. 이어지는 '들을 청(聽)'의 자형은 진정한 듣기의 정수를 보여준다.

- 귀(耳)와 왕(王): 상대의 말을 왕의 명을 받들 듯 귀하게 여기며 듣는 자세다.
- 열 개의 눈(十 + 目): 열 개의 눈으로 관찰하듯 상대에게 온전히 집중하고 진지하게 바라보는 태도다.
- 하나의 마음(一 + 心): 흐트러짐 없이 마음을 하나로 모아 몰입하는 상태다.

결국 경청이란 내면의 잡념을 잠재우고, 상대를 향한 존중과 사랑의 마음으로 온전히 집중하는 행위다. 이러한 몰입의 과정을 거칠 때 비로소 타인에 대한 깊은 이해에 도달할 수 있다.

이해인 수녀는 진정한 대화를 위한 바른 자세를 두고 '온몸과 마음을 다해 상대의 메시지를 민감하게 경청하는 것'의 중요성을 역설한다. 그녀의 시 「듣기」는 이러한 경청의 본질을 지극히 정제된 언어로 투영하고 있다.

듣기

귀로 듣고
몸으로 듣고
마음으로 듣고
전인적인 들음만이 사랑입니다

모든 불행은

듣지 않음에서 시작됨을

모르지 않으면서

잘 듣지 않고

말만 많이 하는

비극의 주인공이

바로 나였네요

아침에 일어나면

나에게 외칩니다.

들어라

들어라

들어라

하루의 문을 닫는

한밤중에

나에게 외칩니다

들었니?

들었니?

들었니?

이 시를 마주하며 우리는 깊은 경탄의 순간을 경험한다. 이는 '경청'의 정의와 태도 그리고 그 유익을 이토록 명료하고 평이한 언어로 풀어낸 시적 통찰에 대한 감탄이다. 동시에 타인의 목소리에 귀 기울이는 존재가 되기를 갈구하며 자신을 부단히 연마해 온 수행의 흔적이 문장마다 고스란히 배어 있다는 점 또한 놀라운 대목이다.

우리의 삶을 되돌아볼 때 경청에 대해 이토록 치열하게 고민하고 연구하면서 보다 나은 청자(聽者)가 되기 위해 기도하고 노력하는 이는 드물다. 자신의 부족함을 겸허히 성찰하며 매일 경청 연습을 게을리하지 않는 태도는 현대인에게 깊은 울림을 준다.

이해인의 시 「듣기」에 투영된 '깊은 관심을 기반으로 한 경청의 자세'를 체화하기 위해서는 게리 채프먼(Gary Chapman) 박사가 역설한 '온전한 경청을 위한 6가지 가이드라인'을 대화의 기본 원칙으로 수립해야 한다. 이는 단순한 기술적 보완이 아닌, 상대의 세계에 접속하기 위한 최소한의 태도적 장치다. 결국 진정한 커뮤니케이션의 완성은 화려한 화술이나 수식에 있지 않다. 소통의 진정한 동력은 화자가 아닌 청자의 태도, 즉 상대를 향한 압도적인 몰입에서 시작되는 것이다.

1. **시선**: 눈을 바라보며 들으세요.
2. **청각적 피드백**: 입은 다물고 추임새를 하면서 들으세요.
3. **비언어적 공감**: 고개를 가끔 끄덕여가며 들으세요.
4. **신체적 능동성**: 등은 앞을 향해 조금 기울이고 들으세요.
5. **촉각적 절제**: 손으로 다른 일을 하지 말고 들으세요.
6. **공간적 고정**: 발은 한곳에, 즉 돌아다니지 말고 들으세요.

대화 기술 세미나에서 '경청 자세'의 중요성을 강조한 뒤, 가족과의 실습을 과제로 내주었다. 이튿날 사춘기 딸과의 관계 단절로 인해 고통받던 한 어머니는 놀라운 결과를 공유했다. 이전까지는 각자 스마트폰을 보면서 파편적인 대화만 나누었으나, 마주 앉아 자세를 바로잡는 것만으로도 대화 시간이 30분을 넘어섰다는 증언이다. 이는 단순한 시간의 연장을 넘어 정서적 벽이 허물어진 기적 같은 순간이었다.

중년 부부의 사례 또한 시사하는 바가 크다. 마주 앉아 눈을 맞추는 연습을 하던 남편은 잊고 있던 연애 시절의 설렘을 회상했다. 아내의 다소곳한 경청 자세가 남편의 마음속에 잠들어 있던 애정을 다시금 일깨운 것이다. 이를 지켜보던 아내의 수줍은 미소는 올바른 듣기 자세가 관계의 온도를 얼마나 극적으로 높일 수 있는지 증명하는 대목이다. 결국 마음을 하나로 모으는 경청 자세는 상대를 이해하는 가장 강력한 도구이자 단절된 관계를 복원하는 최선의 솔루션인 것이다.

심리학자 폴 트루니에(Paul Tournier)는 경청을 "사랑과 존경을 담아 상대를 진심으로 이해하려는 노력"이라고 정의했다. 이는 단순히 귀로 듣는 것을 넘어 상대방이 겉으로 표현하지 못한 숨겨진 마음의 원인까지 세심하게 살피는 과정이다. 즉 상대의 말뿐만 아니라 그 이면에 담긴 감정까지 파악하는 것이 진정한 경청의 본뜻이다.

많은 이들이 동감과 공감을 섞어서 사용하지만, 두 단어는 분명히 다르다. '동감(同感)'은 내가 직접 겪어본 일에 대해 상대와 똑같은 기분을 느끼는 직접적인 감정이다. 반면 '공감(共感)'은 내가 직접 겪지 않았더라도 상대의 입장이 되어 그 마음을 헤아려보는 간접적인 이해다. 영어 단어인 'empathy'가 '상대의 감정 속으로 들어간다'라는 뜻을 가진 것처럼 공감은 상상력을 발휘해 타인의 마음속으로 깊이 걸어 들어가는 행위를 뜻한다.

우리는 타인의 고민을 마주할 때 공감보다 충고나 조언을 앞세우고 싶은 유혹에 쉽게 빠진다. 상대를 안심시키려 애쓰거나 자기 입장을 강변하는 태도는 오히려 진정한 연결을 방해하는 요소다. 가르치려 들거나 상대의 말을 끊는 행위는 마음의 문을 닫게 만드는 결정적인 원인이 되기도 한다. 배우자의 감정 호소에 사실 여부를 따지며 반박하는 태도 또한 소통을 단절시키는 대표적인 사례다.

비폭력 대화의 창시자 마셜 로젠버그(Marshall B. Rosenberg)는 공감을 "존재라는 선물을 주는 것"이라고 정의했다. 누군가 내 이야기를 온전히 이해하고 있다는 확신이 들 때 마음속에 맺힌 응어리는 비로소 녹아내린다. 따뜻한 존중과 연민으로 경청하는 태도는 상대가 자신의 취약한

속마음까지 안심하고 드러내게 만드는 최고의 초대장이 된다.

대화 기술 전문가인 버나드 거니 박사와 메리 오트와인 여사는 상호 이해가 관계에 미치는 파급력을 강조한다. 타인으로부터 이해받고 있다는 감각은 그 자체로 가장 가치 있는 심리적 보상이다. 듣는 사람이 수용적인 태도를 유지할 때 말하는 사람은 방어기제를 내려놓고 내면의 깊은 서사(narrative)를 공유하기 시작한다. 이는 목소리의 톤과 비언어적 제스처, 정제된 언어를 통해 존중을 전달할 때 발현되는 고차원적인 결과물이다.

이해의 태도를 보여주는 것은 상대가 자신의 취약성(vulnerability)을 온전히 드러낼 수 있도록 돕는 소통의 통로다. 설령 상대의 사고나 감정이 기대에 미치지 못하더라도 변함없는 용납의 태도를 견지하는 것이 핵심이다. 이러한 고도의 수용은 격양된 감정을 완화하고 심리적 갈등을 해소하는 결정적인 촉매제가 된다. 결국 깊은 수준의 이해는 해결 불가능해 보이던 관계의 실타래를 푸는 유일한 열쇠가 된다.

진심 어린 이해를 경험한 인간은 비로소 정서적 후련함을 느낀다. 억눌린 감정이 해소되며 답답했던 가슴이 트이는 경험은 관계를 지탱하는 힘이다. 상담 현장에서 내담자들이 경험하는 파격적인 심리적 변화 역시 진정한 공감에서 비롯된다. 자기 입장을 대변해 주는 상대를 만났을 때 내담자는 감정의 카타르시스(catharsis)와 함께 해방감을 만끽하는 것이다.

깊은 공감이 수반된 대화 속에서 말하는 사람은 시간의 흐름조차 망각하는 몰입 상태에 진입한다. 이는 단순한 대화를 넘어 영혼의 교감이 이루어질 때 나타나는 전형적인 현상이다. 가슴속에 맺힌 억울함과 분노가 사라지는 치유는 오직 '이해받음'이라는 정서적 충족을 통해서만 완성되는 과정이다. 이러한 이해의 순환은 부부와 가족을 포함한 모든 인간관계에서 사랑과 친밀감을 꽃피우는 본질적인 토대가 된다.

🗨 이해하기 위해 상대방의 입장에서 듣자

"안방에 가면 시어머니 말이 옳고 부엌에 가면 며느리 말이 옳다"라는 속담이 있다. 이는 비단 고부 갈등에만 국한되지 않는다. 부부나 부모 자녀 사이에서도 각자의 입장은 저마다 정당성을 가진다. 사실 세상에 틀린 사람은 없다. 모두가 '자신의 관점'이라는 필터를 통해 진실을 말하고 있기 때문이다. '나에게는 문제가 없는데 상대방이 문제다'라고 확신하는 순간, 우리는 타인을 이해할 수 있는 기회를 영영 잃게 된다.

상대방을 이해하는 유일한 길은 자신의 고정관념을 잠시 내려놓는 것이다. 내 마음을 비우고 상대방의 눈으로 세상을 보고 느끼려는 태도가 필수적이다. 그에게 어떤 사건이 일어났는지, 지금 어떤 불안과 바람을 품고 있는지, 그리고 그 감정의 뿌리가 무엇인지 세심하게 살피는 노력이 필요하다. 이 과정이 선행될 때 비로소 나와 정반대의 위치에 선 사람을 온전히 마주할 수 있게 된다.

상대방의 입장에 서본다고 해서 반드시 모든 의견에 동의해야 하는 것은 아니다. 다만 도무지 이해할 수 없었던 타인의 행동 이면에 숨겨진 맥락을 읽어내는 것 자체가 경이로운 경험이다. 마음을 여는 순간 이전에는 보이지 않던 상대방의 세계가 선명하게 보이기 시작한다. 이는 단순한 소통을 넘어선 깊은 정서적 연결의 시작이다.

이러한 소통의 원리를 체계화한 것이 바로 데니스 스토이카(Dennis Stoica)와 짐 코벨(Jim Kovel)이 개발한 '경험 모델(Experience Model)'이다. 관계및결혼교육협회(NIRE)의 설립자 데니스 스토이카는 캘리포니아에서 14만 명 이상의 주민들에게 관계 향상 프로그램을 전파하며, 건강한 가정생활에 크게 공헌한 전문가다. 그의 전문성은 미 연방 정부로부터 1,500만 달러의 지원금을 이끌어 낼 만큼 대외적으로도 높게 평가받았다.

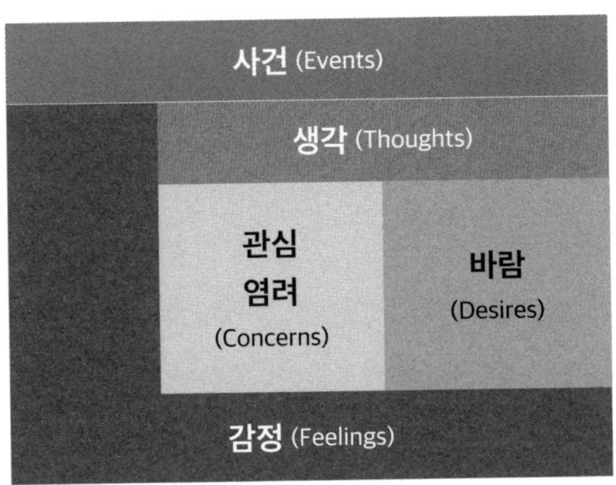

나는 이 모델을 '대화의 로드맵'이라 부른다. 복잡한 감정과 언어의 파편들 속에서 듣는 사람과 말하는 사람 모두에게 꼭 필요한 핵심 요소들을 한눈에 보여주기 때문이다. 이 로드맵을 따라가는 과정은 혼란스러운 관계 속에서 올바른 목적지를 찾아가는 가장 명확한 방법이다.

좋은 대화에는 자연스러운 흐름이 있다. 이를 '경험 모델'이라 부르는데, 우리가 누군가와 대화하며 깊이 연결되는 과정을 보여주는 일종의 지도와 같다.

첫 번째 단계는 '오늘 있었던 일'을 가볍게 꺼내는 것이다. 직장에서 겪은 소소한 사건이나 뉴스에서 본 흥미로운 소식으로 대화의 물꼬를 트는 과정이다.

두 번째 단계는 그 사건에 대한 '내 생각'을 덧붙이는 것이다. 단순한 사실 나열을 넘어 "내 생각에는 말이야"라며 자신의 의견을 조심스럽게 공유하는 단계다.

세 번째 단계는 마음속 '걱정과 바람'을 나누는 것이다. 내가 지금 무엇을 염려하는지, 혹은 진심으로 원하는 것이 무엇인지 상대에게 들려주거나 귀를 기울이는 시간이다.

마지막 단계는 가장 중요한 '나의 감정'을 표현하는 것이다. 사건 때문에 느낀 기쁨이나 슬픔을 솔직하게 말하는 것이 핵심이다. 사실 마음속 깊은 곳에 숨겨진 감정은 밖으로 잘 드러나지 않을 때가 많다. 하지만 이를 말로 표현하는 순간 상대방은 비로소 나의 진심을 온전히 이해하게 된다.

이런 순서를 따라가다 보면 어느샌가 서로의 마음과 마음이 맞닿는 깊은 대화에 이르게 된다. 설령 상대방이 이 순서대로 말하지 않더라도 괜찮다. 내가 그 사람의 입장이 되어 진심으로 몰입한다면 말하지 않은 걱정과 가슴 밑바닥의 감정까지 충분히 읽어낼 수 있기 때문이다.

🗨 듣고 이해한 것을 피드백해 주자

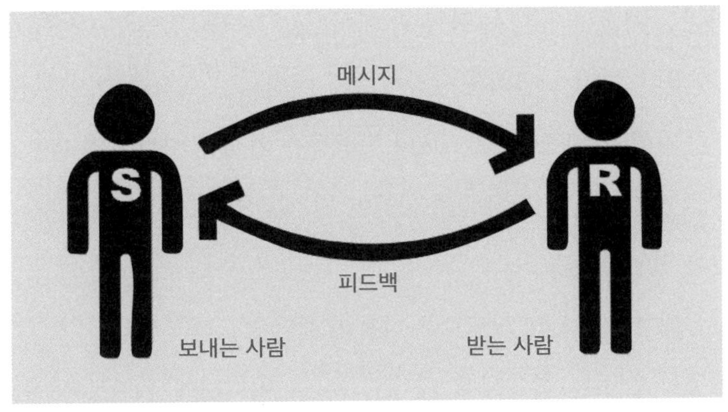

피드백은 상담이나 대화 기법에서 '재진술(Restatement)' '미러링(Mirroring)' '반영적 경청(Reflective Listening)' 등의 용어로 불리는 핵심적인 요소다. 구체적으로 피드백이란 거울이 사물을 그대로 비추듯 상대방이 자기 내면을 객관적으로 들여다볼 수 있게 돕는 과정이다.

다만 단순히 앵무새처럼 상대의 말을 똑같이 반복하는 것이 아니라 자신이 이해한 바를 토대로 상대의 생각과 감정, 염려와 바람을 자신의 언어로 요약하여 다시 들려주는 작업이다. 보통 피드백 연습은 어린 시절의 경험을 나누는 것으로 시작한다. 한 여성이 들려준 사례를 통해 그 과정을 살펴보자.

사례: 억울했던 어린 시절의 기억

내담자는 초등학생 시절 거실 소파 옆 테이블에 놓인 동전통이 사라진 사건을 회상했다. 당시 화가 난 어머니는 그녀를 범인으로 단정 짓고 몰아세웠다. 그녀가 결백을 주장했지만, 어머니는 오히려 거짓말한다며 매질을 가했다. 나중에 알고 보니 동전통을 가져간 사람은 동생이었다. 그때 느꼈던 억울함과 슬픔은 성인이 된 지금까지도 잊히지 않는 상처로 남아 있었다.

이에 대한 상담자의 피드백은 다음과 같다.

"초등학교 시절 학교에서 돌아오자마자 어머니께 동전통 도둑으로 몰렸던 상황이군요. 본인은 결백했기에 사실대로 말했지만, 어머니는 끝까지 믿어주지 않고 오히려 매질까지 하셨습니다. 나중에서야 동생의 소행임이 밝혀졌을 때 믿어주지 않았던 어머니에 대한 야속함과 억울함 그리고 동생에 대한 미움이 뒤섞여 정말 괴로우셨겠네요. 제가 자매님의 마음을 충분히 이해했나요?"

내담자는 이 피드백을 듣고 다음과 같이 답했다.

"네. 정말 정확하게 이해해 주셨습니다. 상담자님의 말씀을 듣는 동안 당시의 감정이 생생하게 살아나는 것 같았지만, 동시에 누군가 내 마음을 알아준다는 사실만으로 가슴 속 응어리가 풀리는 기분입니다. 내 입장을 믿어주는 사람이 있다는 것만으로도 큰 위로가 되고 기분이 좋아집니다."

피드백이 주는 놀라운 유익

실습을 통해 피드백을 주고받은 이들은 공통으로 다음과 같은 긍정적인 반응을 보였다.

- 상대방이 내 말을 진심으로 경청하고 있다는 사실에 기쁨을 느낀다.
- 공감을 얻고 있다는 느낌을 통해 정서적인 안정감을 얻는다.
- 자신의 혼란스러운 생각과 감정이 정리되면서 스스로에 대한 새로운 안목을 갖게 된다.
- 대화 가운데 발생한 오해를 즉시 교정할 수 있어 소통의 정확도가 높아지게 된다.

이처럼 피드백은 말하는 사람에게 매우 유익한 도구이지만, 듣는 입장에서는 상당한 에너지가 소모되는 고도의 기술이다. 중간에 말을 끊지 않고 인내하는 것, 상대의 입장에 온전히 이입하는 것, 그리고 집중력을 유지하며 내용을 요약해 전달하는 것이 결코 쉬운 일이 아니기 때문이다.

하지만 이러한 과정을 통해 대화의 기술이 얼마나 절실한지 깨닫고 서로를 격려하며 나아가는 것, 그것이 진정한 소통으로 가는 길이다.

💬 상대방의 교정을 너그러이 받아들이자

타인의 처지에서 생각하려고 아무리 노력해도 상대를 완벽히 이해하기란 불가능에 가깝다. 대화 과정에서 내용을 망각하거나 왜곡하여 받아들일 가능성은 언제나 존재하기 때문이다. 따라서 상대의 의도를 정확히 파악하기 위해서는 들은 내용을 다시 확인하는 과정이 필수적이다. 이러한 피드백 과정을 거쳐 오해를 바로잡을 때 비로소 우리는 상대의 입장에 한 걸음 더 다가설 수 있게 된다.

상대가 나의 오해를 정정해 줄 때 이를 기분 나쁘게 받아들이지 않는 너그러움은 양측 모두에게 유익하다. 내가 결코 상대방 그 자체가 될 순 없기에, 때로는 나의 추측이 상대의 실제 감정이나 깊은 갈등과 어긋날 수 있다는 사실을 인정해야 한다. 교정의 과정을 거치며 우리는 서로에 대해 더 깊은 이해와 감사함을 느끼게 된다.

로젠버그 박사는 피드백을 수정할 때 상대가 지적이나 질책을 받는다는 기분이 들지 않도록 주의해야 한다고 조언한다. "내 말을 잘못 알아들었다"라고 탓하기보다 "내 설명이 부족했던 것 같다"라며 부드럽게 다시 말해 주는 태도가 바람직하다. 이러한 배려는 대화의 흐름을 유연하게 만들고 서로의 마음을 여는 열쇠가 된다.

스티븐 코비 박사에 따르면 인간의 가장 깊은 갈망은 이해받고 싶은 욕구다. 누군가의 말을 진심으로 경청하는 행위는 그 사람의 내면적 가치를 인정하고 높게 평가한다는 강력한 메시지다. 결국 이해와 공감은 '당신은 소중한 존재다'라는 고백을 행동으로 실천하는 일이다. 이처럼 진심 어린 공감은 상처 입은 이들의 마음을 어루만지는 세상에서 가장 따뜻한 선물이다.

이해의 기술 포인트

1. 이해하기 위해 깊은 관심과 몰입의 자세로 듣자.

2. 이해하기 위해 경청하자.

3. 이해하기 위해 상대방의 입장에서 듣자.

4. 듣고 이해한 것을 피드백해 주자.

5. 상대방의 교정을 너그러이 받아들이자.

이해하고 있음을 보여주는 10가지 방법

1. 당신의 배우자나 가족이 당신에게 말하고 있다면 하던 일을 멈추고
   귀를 기울이자.

2. 그들의 이야기를 들을 때는 사랑스럽게 바라보며 듣자.

3. 그들의 입장이 되어 듣자.

4. 그들을 이해하기 위해 애쓰고 있음을 보여주자.

5. 그들이 화가 나 있다면 반대 의견을 말하기보다 경청하고
   이해하려는 마음을 보여주자.

6. 그들이 행복해할 때는 함께 그 기분을 즐기자.

7. 그들에게 도움이 필요할 때 도와주자.

8. 그들이 피곤해 보이면 함께 휴식을 취하자.

9. 걱정하거나 슬퍼할 때 함께해 주자.

10. 혼자만의 공간이 필요할 때는 약간 물러서서 있자.

위의 "이해하고 있음을 보여주는 10가지 방법"을 기회 있을 때마다 실천하도록 노력해 보세요. 당신이 그런 노력을 할 때 상대방이 어떻게 반응하는지 살펴보세요. 그리고 그들의 반응이 당신에게 어떤 생각이 들게 하는지, 어떤 기분을 느끼게 하는지 기록해 보세요.

만약 아무런 반응이 없다면 상대방에게 어떻게 해 주면 좋을지도 물어보세요.

2장

사랑을 담아 진실을 말하는 **표현의 기술**

'말을 잘하는 것'보다 훨씬 더 중요한 것은 '잘 말하는 것'이다.
말이 남에게 거슬리게 나가면 역시 거슬린 말이 자기에게 돌아온다.

－『대학(大學)』

"같은 말이라도 아 다르고 어 다르다"라는 속담이 있다. 이는 단순히 발음의 미묘한 차이를 넘어 같은 내용이라도 어떤 태도로 표현하느냐에 따라 상대방의 가슴에 꽃을 심을 수도, 혹은 지울 수 없는 상처를 남길 수도 있다는 뜻이다. 목소리의 톤, 미묘한 어조, 그리고 찰나의 표정이 대화의 온도를 결정하기 때문이다. '아'와 '어'가 우리 삶과 관계에서 구체적으로 어떤 결과의 차이를 만들어 내는지 면밀히 살펴볼 필요가 있다.

우리는 흔히 가장 가까운 배우자나 부모에게 이런 말을 듣거나 내뱉곤 한다.

"당신은 평생 약속 하나 제대로 지키는 법이 없어. 다음엔 잘하겠다고 말만 번지르르하게 하고, 지금까지 지킨 게 대체 뭐가 있어?"

"도대체 날 위해 해준 게 뭐가 있다고 툭하면 큰소리야?"

"샤워하고 나서 빨래통에 옷 넣는 게 그렇게도 힘드니? 엄마가 입이 닳도록 말했는데, 또 바닥에 던져놨네!"

퇴근 후 피곤한 상태에서 거실에 널브러진 양말을 본 상황을 가정해보자. 이때 "또 양말이 저기 있네. 당신은 내가 가사 도우미로 보여?"라고 쏘아붙이는 것은 전형적인 '어'의 대화법이다. 이런 비난 섞인 말투를 들었을 때 상대방의 마음속에서 '아, 내가 잘못했구나. 당장 치워야지!'라는 의욕이 샘솟을 리 만무하다. 오히려 반발심이 생기거나 상대방의 다음 부탁을 들어주고 싶은 마음이 싹 사라지게 된다.

같은 상황이라도 빈정거림이나 비난 대신 부드럽고 상냥한 어조로 정중하게 부탁한다면 결과는 완전히 달라진다. 설령 상대방이 당장 들어주기 힘든 무거운 부탁이라 할지라도 그 거절의 과정조차 진심을 담아 기분 상하지 않게 설명한다면 관계의 손상을 막을 수 있다.

비록 원하는 결과(부탁의 수락)를 즉시 얻지 못하더라도 나를 존중하며 이야기해 주는 상대방에게 고마움을 느끼게 된다. 이러한 긍정적인 상호작용이 쌓일 때 비로소 두 사람 사이에는 단단한 친밀감과 사랑이 싹트게 되는 것이다.

안타깝게도 많은 부부가 평소에는 무난하게 지내다가도 어떤 문제나 부탁할 일이 생겨 대화만 시작하면 목소리가 높아지곤 한다. 이런 일이 반복되면 결국 다음과 같은 절망적인 단계에 빠지게 된다.

- 대화의 단절: "싸우기 싫어서 말 안 해"라며 입을 다물고 불만을 가슴에 묻어둔다.
- 절망감의 축적: 상대가 나를 사랑하지 않는다는 오해와 함께 지난 세월에 대한 억울함이 커진다.
- 감정의 폭발: 참고 참았던 불만들이 어느 날 화산처럼 폭발하며 관계를 돌이킬 수 없는 지경으로 만든다.

또 다른 유형은 '수동적인 기대'를 갖는 사람들이다. 소셜 미디어의 프로필 사진을 바꾸거나 메신저 상태 메시지를 수정하며 상대가 내 마음을 알아서 읽어주길 바라지만, 상대가 이를 눈치채지 못하면 혼자 마음의 벽을 쌓아간다. 하지만 텔레파시가 아닌 이상 표현하지 않은 진심은 결코 올바르게 전달되지 않는다.

관계 전문가 게리 채프먼 박사는 부부가 서로 정보를 교환하고 사건에 대한 자신의 해석을 말로 표현하는 것이 중요하다고 강조한다. 그래야만 추측과 오해로 인한 에너지 낭비를 막을 수 있기 때문이다.

올바른 표현의 기술을 배워야 하는 이유는 명확하다.

- 상대방의 마음을 여는 열쇠: 상대방이 방어기제를 세우지 않고 대화에 임하게 한다.
- 정서적 손실 방지: '저 사람이 나를 무시하나?' 같은 불필요한 추측을 막아준다.
- 원하는 바의 획득: 비난하지 않고도 내가 원하는 바를 평화롭게 얻을 수 있다.
- 친밀감의 심화: 갈등이 해결될수록 관계는 더욱 단단해진다.

상담 현장에서 흔히 사용하는 활동 중 하나가 '소원 목록 나누기(wish

list)'다. 자신이 원하는 바를 이야기하고, 상대방은 그 내용을 정리해서 피드백해 주는 연습이다. 이 과정을 통해 부부는 서로를 향한 비난을 멈추고, 상대가 진정으로 원하는 것이 무엇인지 이해하며 불만 사항을 줄여나가는 기쁨을 맛보게 된다.

흔히 이것을 '자기주장 기술(assertiveness skill)'이라 부르기도 하지만, 이는 자칫 상대를 설득해 내 의견을 관철하는 공격적인 느낌을 줄 수 있다. 그래서 필자는 이를 '자기표현의 기술'이라 부르는 것을 선호한다. 상대방의 기분을 해치지 않으면서 내 생각과 감정을 비롯한 원하는 바를 솔직하고 품격 있게 전달하는 것, 그것이 행복한 관계를 만드는 핵심 비결이다.

사랑 안에서 참된 말을 하라

대화 목적에 따라 크게 '사실 지향적 대화'와 '관계 지향적 대화'로 나뉜다. 사실 지향적 대화는 업무 보고나 정보 전달, 또는 잘못을 지적할 때 주로 사용하는데, 간결하고 정확하게 의사를 표현하는 것이 핵심이다. 반면에 관계 지향적 대화는 사람들 사이의 친밀감과 신뢰를 쌓는 것이 목적이다. 이 경우 상대방 입장에서 공감하고 이해하려는 노력이 무엇보다 중요하다.

직장과 가정에서의 대화 황금비율

- 직장: 사실 지향적 대화(70~80%) + 관계 지향적 대화(20~30%)일 때 유능하면서도 호감 가는 동료로 평가받는다.
- 가족 및 친밀한 관계: 사실의 정확성보다 '진실(truth)'을 말하는 것이 중요하다. 여기서 진실이란 단순히 정직함을 넘어 사랑이 담긴 공감이 함께하는 상태를 의미한다.

가족 관계에서 "나는 틀린 말 안 해"라며 사실만 고집하는 것은 위험하다. 사랑과 공감이 빠진 사실 전달은 상대에게 깊은 상처를 남기고 관계를 단절시키기 때문이다. 오늘날의 가족 관계에서 흔히 발생할 수 있는 사례를 통해 이를 살펴보자.

사례 1: 고부 갈등과 '지혜로운 필터링'

맞벌이 부부가 가사 분담 문제로 다투는 소리를 시어머니가 들었다고 가정해 보자. 화가 난 시어머니가 아들에게 "요즘 애들은 왜 그렇게 이기적이니? 가정 교육을 어떻게 받았길래 남편을 배려 안 하니?"라며 며느리 흉을 본다. 이때 아들이 아내에게 어머니의 말을 있는 그대로 전하는 것은 사실일지언정 진실은 아니다.

하수(사실 지향): "우리 엄마가 당신 가정 교육 문제 있대. 결혼 전부터 걱정

하셨는데 내 고집으로 결혼한 게 후회된다고 하시더라." 이렇게 되면

고부 전쟁의 시작이다.

고수(관계 지향): "우리가 다투는 걸 어머니가 보시고 마음이 많이 안 좋으

신가 봐. 우리가 행복하게 잘 지내길 누구보다 바라시거든." 이는 화해

의 실마리가 된다.

사례 2: 사춘기 자녀와 '사랑의 통역'

학원 수업이 끝나고 친구들과 시간을 보내느라 늦게 귀가한 사춘기

딸을 보고 아빠가 버럭 화를 낸다. "너 정신이 있는 거야? 한 번만 더 늦

으면 스마트폰 압수하고 외출 금지야!"라고 소리친다. 이때 엄마의 역할

은 아빠의 거친 언어를 사랑으로 통역하는 것이다.

나쁜 예: "아빠가 너 또 늦으면 폰 뺏고 집 밖으로 못 나가게 한대. 조심 좀

해."

좋은 예: "아빠가 너 늦는 동안 세상이 흉흉해서 걱정을 정말 많이 하셨어.

널 너무 사랑해서 화가 나신 모양이야."

진실을 말한다는 것은 단순히 꾸며낸 이야기나 거짓말을 하지 않는

다는 의미가 아니다. 상대방의 거친 말속에 숨겨진 본래의 진심(걱정,

사랑, 염려)을 찾아내어 서로의 관계가 상하지 않도록 지혜롭게 전달하는 것이다.

내가 지금 하는 말이 상대의 마음을 후벼 파는 '사실'인지, 아니면 관계를 회복시키는 '진실'인지 스스로 질문해야 한다. 사실보다 중요한 것은 언제나 그 밑바닥에 흐르는 사랑의 마음이다.

📧 대화하기 전에 먼저 생각하라

성경의 야고보서 1장 19절은 "사람마다 듣기는 속히 하고 말하기는 더디 하라"고 권면한다. 여기서 '듣기를 속히 한다'라는 것은 단순히 소리를 빠르게 받아들이는 것이 아니라 상대의 가슴 밑바닥에 흐르는 미세한 감정까지 포착해 내는 '민감한 집중'을 의미한다.

반면 '말하기를 더디 하라'는 것은 물리적으로 말을 천천히 하라는 뜻이 아니다. 이는 입술을 떼기 전에 자기 생각을 먼저 정돈하는 '숙고의 과정'을 거치라는 경고다. 즉 즉흥적인 감정에 휘둘리지 말고 내뱉을 말의 무게를 미리 가늠해 보라는 뜻이다.

우리는 종종 말하기 전에 충분히 생각하기보다 순간의 기분에 휩쓸려 말을 내뱉곤 한다. 그리고는 이내 "그 말은 하지 말았어야 했는데"라며 뒤늦은 후회에 잠기기도 한다. 지혜로운 대화는 바로 이 지점에서 시작된다.

후회 없는 소통을 위해 대화하기 전 반드시 점검해야 할 요소는 다음과 같다. 결국 지혜로운 이는 혀보다 마음을 먼저 움직이는 사람이다.

관계의 온도를 결정하는 한마디, 대화의 타이밍

상대방이 업무나 특정 과업에 깊이 몰입해 있을 때 그 흐름을 끊고 불쑥 자신의 용건부터 꺼내는 것은 대화의 ABC를 간과한 행동이다. 상대의 상황과 심리적 여유를 고려하지 않은 일방적인 말 걸기는 소통이 아니라 침해에 가깝기 때문이다. 이때는 "여보, 당신과 나누고 싶은 이야기가 있는데, 언제쯤 시간이 괜찮을까요?"라고 먼저 물으며 대화의 문을 두드리는 것이 현명하다. 이는 상대의 상황과 시간을 존중한다는 가장 직접적인 표현이다.

감정의 '골든 타임'을 피해야 하는 이유

칭찬과 격려는 때와 장소를 가리지 않아도 좋지만, 쓴소리나 부탁 또는 진지한 조언이 필요한 상황이라면 이야기가 달라진다. 특히 하루를 시작하는 아침 시간, 출근과 등교 준비로 분주한 찰나에 무거운 주제를 꺼내는 것은 금기다. 아침부터 가슴에 묵직한 바윗덩이가 얹힌 기분과 나쁜 감정은 온종일 일상의 리듬을 깨뜨리는 독소가 되기 때문이다.

이는 퇴근 직후에도 마찬가지다. 업무에 지쳐 파김치가 되어 돌아온 배우자나 학업에 지친 자녀에게 곧장 심각한 이야기를 건네는 것은 대화의 문을 스스로 닫아 버리는 것과 같다. 상대의 에너지가 고갈된 상태에서는 어떤 좋은 조언도 비난으로 들리기 십상이다.

즐거워야 할 식사 시간을 심각한 대화로 망치는 것 또한 경계해야 할 일이다. 어린 시절에 아버지와 마주 앉은 밥상머리에서 따뜻한 대화 대신 훈계와 지적을 받은 기억은 누구에게나 상처로 남는다. '식구는 함께 밥을 먹어야 한다'라는 규칙 때문에 억지로 자리를 지키며 모래알 같은 밥을 꾸역꾸역 삼켜야 했던 기억은 성인이 되어서도 식사 시간을 긴장의 연속으로 만든다.

식사 시간은 긴장이 아닌 서로의 안부를 묻거나 그날 하루 동안 있었던 일을 나누며 온기를 느끼는 시간이어야 한다. 교정이나 훈계가 필요한 사안이라면 식사를 기분 좋게 마친 후 서로의 마음이 가장 편안하게 이완된 상태에서 나누는 것이 올바른 순서다.

불안을 잠재우는 '내용 예고'

대화를 제안할 때는 단순히 시간만 묻는 것이 아니라 어떤 주제로 이야기하고 싶은지 미리 귀띔해 주는 것이 좋다. 주제를 알 수 없는 "할 말이 있으니 시간 좀 내요"라는 말은 상대에게 막연한 불안과 긴장감을 심어준다.

상대방을 진정으로 배려한다면 "여보, 이번 주말 일정에 대해 의논하고 싶은데, 저녁 식사 후 잠시 시간 괜찮을까요?" 혹은 "아들아, 아빠가 네 진로 고민에 대해 같이 이야기해 보고 싶은데, 언제쯤이 편하겠니?"라고 용건과 시간을 함께 제시해야 한다. 이것이 바로 '말하기는 더디 하라'는 격언의 본질이며, 상대를 인격적으로 대우하는 성숙한 대화법의 시작이다.

즐겁고 좋았던 기억으로 대화를 시작하라

"오는 말이 고와야 가는 말이 곱다"라는 속담이 있다. 상황에 따라 "가는 말이 고와야 오는 말도 곱다"라고 순서를 바꿔 부르기도 하지만, 본질적으로 두 문장은 같은 의미를 내포하고 있다. 말하는 이와 듣는 이의 입장이 교차할 뿐, 결국 대화의 시작이 어떠냐에 따라 돌아오는 반응의 색채가 결정된다는 사실은 변하지 않기 때문이다. 즉 긍정적인 언어로 대화를 시작하면 우호적인 응답을 얻고, 부정적인 언어로 포문을 열면 그에 상응하는 거부 반응을 마주하게 된다는 원리다.

이러한 소통의 지혜는 일상의 사소한 장면에서도 쉽게 발견할 수 있다. 딸이 대학을 다니던 시절이 생각난다. 나에게 전화를 걸어 평소보다 한층 부드럽고 상냥한 목소리로, "엄마, 잘 지내고 있죠? 너무 보고 싶어요. 그런데 말이에요…"라며 말끝을 길게 늘어뜨릴 때가 있었다. 대부분 경제적 지원이나 급한 도움이 필요하다는 신호다. 이미 그 속사정을 훤히 꿰뚫고 있음에도 불구하고, 딸의 애교 섞인 따뜻한 말 한마디에 마음은 어느새 무장 해제되어 부탁을 들어줄 준비를 하게 된다. 딸은 엄마의 마음을 여는 열쇠가 바로 '기분 좋은 첫마디'에 있다는 사실을 본능적으로 터득하고 있었던 셈이다.

우리가 대화에서 다루는 핵심 주제는 대개 당면한 문제점이나 불만 혹은 개인적인 바람과 연관되어 있다. 특히 문제 상황을 해결하기 위한 대화는 어느 한쪽이나 양측 모두에게 예민한 사안일 확률이 높다. 설령 가벼운 문제라 해도 대화의 첫 단추를 잘못 끼우면 감정이 상하게 되고, 논점은 이내 꼬여버리고 만다. 불만이나 지적, 충고를 다짜고짜 꺼내놓는 방식은 상대방의 방어기제를 자극해 마음의 벽을 쌓게 할 뿐이다. 따라서 상대가 내 이야기에 귀를 기울이게 하려면 대화의 시작점을 반드시 긍정적인 맥락으로 설정해야 한다.

하지만 우리는 이러한 대화법에 익숙하지 않다. 긍정적인 면을 먼저 언급한 뒤에 본론인 문제를 꺼내는 방식이 훈련되지 않았기에 이를 실천하는 것은 무척이나 생소하고 어려운 일이다. 표현의 기술 중 가장 구현하기 힘든 두 가지 원칙을 꼽자면, 첫째는 상대에 대한 애정을 바탕으로 진실된 말을 전하는 것이고, 둘째는 대화의 도입부를 반드시 긍정적인 내용으로 시작하는 것이다.

효과적인 소통을 위해서는 문제를 바라보는 기존의 시각을 완전히 전환해야 한다. '문제'라는 알맹이만 골라내어 공격적으로 전달하는 것이 아니라 그 문제를 긍정적인 요소들로 부드럽게 감싸안는 과정이 필요하다. 마치 투박한 그림이라도 어떤 액자에 담느냐에 따라 가치가 달라지듯 우리가 전하고자 하는 문젯거리를 '긍정'이라는 멋진 액자에 넣어 전달하는 지혜가 필요한 것이다.

문제를 부드럽게 감싸안는 4가지 핵심 요소는 다음과 같다.

분류	구체적인 내용(긍정의 액자)
감정의 기반	상대방을 진심으로 사랑하는 이유와 현재의 감정
상대의 강점	상대방이 가진 긍정적인 성격과 고유한 특성
미래의 가치	우리가 함께 꿈꾸고 나아가고자 하는 공동의 목표
감사의 표현	그동안 나에게 베풀어 준 구체적인 친절과 배려

이러한 접근은 상대를 변화시키려는 강요가 아니라 우리 관계의 본질적인 아름다움을 먼저 확인하는 작업이다. 결국 긍정의 액자는 상대방뿐만 아니라 나의 마음까지도 보호하는 가장 따뜻한 소통법이다.

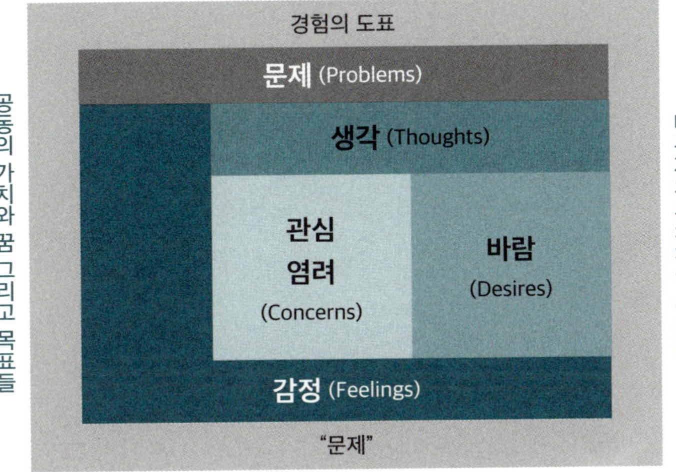

다음 상황에서 불평 섞인 문제를 긍정의 액자에 담는 연습을 해 보자. 날카로운 '문제'를 긍정의 프레임으로 감싸 안을 때 대화는 공격이 아닌 치유와 협력이 되기 때문이다.

상황 1: 약속 시간에 늦는 자녀에게

[문제] "왜 맨날 늦어? 제발 시간 좀 지켜."(공격적 전달)

긍정의 액자: "나는 너랑 같이 보내는 시간을 정말 소중하게 생각하고, 너랑 있을 때 제일 즐겁단다.(사랑하는 이유) 너는 원래 배려심이 깊은 사람이니까,(긍정적 특성) 다음에는 우리 소중한 시간이 줄어들지 않도록 약속한 시

간에 와주면 좋겠어.(함께하는 목표)”

상황 2: 집안일 분담이 공평하지 않을 때

[문제] “왜 나만 집안일을 해야 해? 당신도 좀 거들어.”(공격적 전달)
긍정의 액자: “항상 우리 가족을 위해 밖에서 고생해 줘서 정말 고마워요.(감사하는 마음) 우리 둘 다 편안하게 쉴 수 있는 예쁜 집을 만드는 게 우리 목표잖아요?(함께 추구하는 꿈) 당신이 조금만 도와주면 내가 훨씬 수월하게 이 일을 마칠 것 같아요.(협력의 요청)”

🗩 일반적인 관점이나 올바른 도리가 아닌, 자신의 관점을 말하라

많은 이들이 자신의 주장에 정당성을 부여하고자 '일반적인 관점'이나 '올바른 도리'를 빌려 말하곤 한다. 하지만 이러한 화법은 상대의 마음을 닫게 하고 대화의 단절을 초래할 뿐이다.

일반화의 함정에서 벗어나야 한다

“보통 여자들은 그렇게 입지 않아” “동네 사람들 모두가 당신을 싫어해"처럼 다수의 의견을 방패 삼아 상대를 압박하는 방식은 위험하다. 이는 개인의 문제를 집단 전체의 문제로 확산시키기 때문이다. 가령 처가 식구 전체를 들먹이며 불평이 많다고 비난하는 것보다 "내 생각에 당신은 불평이 좀 많은 편이야"라고 개인의 관점에서 말하는 것이 훨씬 낫다. 전자는 가족 전체에 대한 모욕으로 번지지만, 후자는 화자 개인의 의견임을 명시하기에 상대가 느끼는 공격성이 현저히 줄어들기 때문이다.

'옳음'을 강요하는 폭력을 경계해야 한다

소위 '올바른 관점'을 들이대는 것 역시 마찬가지다. "제대로 된 아빠라면" "현명한 아내라면"과 같은 표현은 그 이면에서 '당신은 자격이 없다'라는 낙인을 찍고 있다. 이는 '나는 옳고 당신은 틀렸다'라는 이분법적 사고를 강요하는 것이다. 누구나 자신이 비정상적이거나 틀렸다는 소리를 듣고 싶어 하지 않는다. 옳고 그름을 따지는 논쟁이 시작되는 순간, 대화의 본래 목적은 사라지고 자존심을 건 진흙탕 싸움만 남게 된다.

악순환을 끊는 '나의 관점'

일반론이나 당위성을 앞세운 대화는 상대에게 지울 수 없는 상처를 입힌다. 공격받은 상대는 방어하게 되고, 그 방어는 다시 공격을 부르는 악순환으로 이어져 관계를 파괴한다. 따라서 우리는 대화의 주체를 '나'로 돌려야 한다.

"내가 보기에는" "제 생각에는" "제 느낌으로는"과 같은 표현을 사용해 나의 관점임을 분명히 밝히는 노력이 필요하다. 이때 중요한 것은 단순히 주어만 바꾸는 것이 아니라 판단이나 비난이 섞이지 않은 존중의 언어를 선택하는 태도다. 타인을 심판하려는 유혹을 내려놓고 오직 자신의 관점에서 진솔하게 소통하는 것, 그것이 건강한 관계를 유지하는 대화의 핵심이다.

📨 자신에게 중요한 점과 자신의 감정에 대해 이야기하라

효과적인 소통을 위해서는 단순히 결론을 제시하기보다 자신의 내면과 문제의 배경을 충분히 설명하는 과정이 필요하다. 이는 상대방의 공감과 협력을 이끌어 내는 핵심적인 전략이다.

- 문제의 전반적인 공유: 대화의 로드맵에 따라 문제 자체를 상세히 이야기해야 한다. 이 문제가 왜 나에게 중요한지, 그리고 현재 어떤 점을 우려하고 있는지 구체적으로 설명하는 과정이 선행되어야 한다.
- 바람과 해결책의 제시: 걱정이 해소되기 위해 구체적으로 무엇을 바라는

지 명확하게 전달하는 것이 필요하다.

- 솔직한 감정 표현: 문제로 인해 발생한 부정적인 감정까지 진솔하게 나누는 것이 중요하다. 구체적인 감정의 공유는 듣는 이로 하여금 문제를 함께 해결하고 싶다는 동기를 부여하기 때문이다.
- 본론 위주 대화의 한계: 과정과 감정을 생략한 채 '문제가 있으니 해결하자'라는 식으로 본론만 앞세우면 상대방의 동의나 자발적인 협력을 얻기 어렵다.

결론적으로 상대방에게 변화를 요청하거나 불만을 전달할 때는 '경험 모델'(2부 1장 참고)에 근거해 내면의 밑바닥에 있는 감정까지 모두 표현하는 용기와 적극적인 태도가 필요하다.

원하는 바를 구체적으로 부탁하라

긍정적인 감정을 함께 전달한다

문제에 대해 전반적으로 설명한 다음에는 자신이 진정으로 바라는 것이 무엇인지 설명해야 한다. 예를 들어 "여보, 다이어트 계획에 대해 의사에게 들었어. 힘들고 어렵겠지만, 다음 정기 검진 때는 그런 이야기를 듣지 않도록 노력해 보자. 나는 식단에 신경 쓸 테니, 당신은 운동해서 혈당 수치가 떨어졌다는 결과를 들었으면 정말 좋겠어"라는 식으로 상대가 해 주길 바라는 바를 이야기하는 것이다.

이때 그러한 변화가 생긴다면 자신의 기분이 어떨지도 함께 이야기해 주는 것이 좋다. 긍정적인 감정을 표현하면 사랑하는 사람이 그 기분을 느낄 수 있도록 부탁을 기꺼이 들어주고 싶은 마음이 생기기 때문이다. "만약 다음 검진 때 수치가 정상으로 떨어진다면 정말 기분이 좋을 거야. 아내로서 당신을 돕는 기쁨과 보람을 느낄 것이고, 건강에 대해 염려할 필요가 없어져서 스트레스도 사라지게 될 거야"라고 솔직한 감정을 표현해 상대방에게 동기를 부여해야 한다. 설령 부탁을 들은 배우자가 당장 원하는 것을 들어주지 않더라도 자신이 원하는 바를 분명히 알렸기 때문에 대화를 계속 이어가며 두 사람 모두 만족할 만한 합의점에 이르기가 훨씬 쉬워진다.

부정문 대신 긍정문으로 부탁한다

부탁할 때는 가급적 긍정문으로 말하는 것이 효과적이다. 사람은 '하지 말라'는 말을 들으면 무의식적으로 저항감이 생기기 마련이다. 저항감이 솟아오르면 하지 말아야 한다는 것을 알면서도 오히려 더 하고 싶어지는 묘한 심리가 발동한다. 그러므로 '늦게 일어나지 마라'는 부정적인 표현보다는 '일찍 일어나면 좋겠다'라는 긍정문을 사용하는 것이 바람직하다. 아이들에게도 '뛰지 마라'는 말 대신 '천천히 걷자'라고 긍정문으로 부탁하는 것이 좋다.

기준을 명확하고 구체적으로 제시한다

마지막으로, 부탁할 때 반드시 기억해야 할 사항은 '구체성'이다. 우리는 흔히 애매모호하거나 추상적인 부탁을 할 때가 많다. "운동을 더 많이 하면 좋겠어" "다이어트에 더 신경을 쓰면 좋겠어" "대화를 더 많이 했으면 좋겠어"라는 식이다.

그런데 '더 많이'라는 말이 얼마를 뜻하는 것인지 정확하지 않다. 사람마다 이해하는 기준이 다르기 때문이다. 어떤 사람은 '더 많이'를 예전보다 조금 더 하는 것으로 생각하고, 어떤 사람은 적어도 한 시간 이상 하는 것이라고 이해할 수 있다. 그러므로 '일주일에 4일간, 한 번에 30분 이상 운동하기'라고 구체적으로 말해야 상대방이 요구를 들어주기가 한결 수월해진다. 요구 사항이 구체적일수록 그만큼 실천 가능성도 커지기 때문이다. 이렇게 명확하게 부탁할 때 배우자 역시 "그 정도라면 무리한 부탁은 아니네. 그렇게 해 볼게"라고 긍정적으로 반응할 것이다.

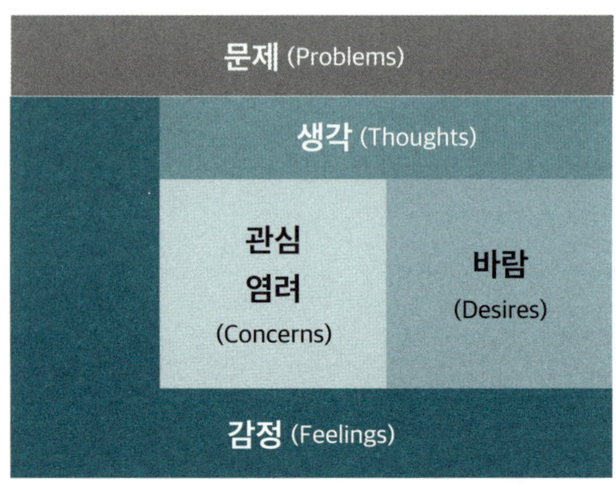

화를 자극하는 표현을 피하라

상대방을 화나게 하거나 다툼을 유발하는 단어의 사용을 지양해야한다. 대표적으로 '항상, 늘, 결코, 한 번도'와 같은 단어들이 이에 속한다. 현실에서 어떤 일이 항상 일어나거나 결코 일어나지 않는 경우는거의 없다. "당신은 항상 늦어" "나한테 한 번도 미안하다고 한 적 없어" "너는 왜 늘 그 모양이야?"라는 말을 들으면 누구나 반발심이 생긴다. 이러한 공격적인 언사는 상대방으로 하여금 "내가 언제 항상 늦었다고그래? 당신은 안 그래?" "지난주에도 미안하다고 했는데, 왜 사람을 몰아세워?"라는 식의 되받아치는 말을 유도하게 된다. 즉 듣는 이가 즉각적으로 반박하고 싶게 만드는 말이 곧 화를 자극하는 말이다.

상대방의 인격을 모독하거나 인신공격하는 표현 역시 주의해야 한다. '바보 멍청이' '게으름뱅이' '구제 불능' '이기주의자' 같은 낙인은 상대의 기분을 상하게 할 뿐만 아니라 자존감까지 무너뜨린다. 특히 부정적인 별명을 부르는 행위는 치명적이다. 예를 들어 체격이 큰 아이에게 '뚱보'라고 반복해서 부르면 아이는 스스로를 정말 그런 사람이라고 단정 짓게 된다. 생각의 틀이 사람의 형질을 결정짓는다는 사실을 고려할 때 이러한 표현은 결코 사용해서는 안 될 말이다.

지금까지 살펴본 7가지 표현의 기술을 지속해서 실천한다면 대화 방식에 혁신적인 변화가 일어날 것이다. 변화된 모습에 주변 사람들은 깜짝 놀랄 것이며, 상대방은 당신의 부탁을 더 기꺼이 들어주게 된다. 결과적으로 불평과 불만은 줄어들고 상호 만족스러운 대화가 가능해지며, 이전보다 훨씬 건강한 관계로 발돋움할 수 있을 것이다. 이제 새로운 관계의 변화를 위해 실천으로 나아갈 때다.

표현의 기술 포인트

----

1. 사랑 안에서 참된 말을 하라.

2. 대화하기 전에 먼저 생각하라.

3. 즐겁고 좋았던 기억으로 대화를 시작하라.

4. 일반적인 관점이나 올바른 도리가 아닌, 자신의 관점을 말하라.

5. 문제와 관련하여 자신에게 중요한 점과 자신의 감정에 대해 이야기하라.

6. 당신이 원하는 바를 구체적으로 부탁하라.

7. 화를 자극하는 표현을 피하라.

관계 향상시키기

----

1. 배우자나 자녀 혹은 가족들의 좋은 점, 사랑스러운 점을 가능한 한 많이 적어 보세요. 그리고 감사를 표현해 보세요.

2. 사용하는 말 가운데 상대방의 화를 자극하는 말이 무엇인지 생각해 보세요. 그리고 상대방이 사용하는 '화를 자극하는 말'은 무엇인지 생각해 보고 서로 이야기한 후, 그런 말을 사용하지 않도록 약속하세요.

3. 부탁할 일이 있을 때, 불평이나 문제가 있을 때 위에 적은 긍정적인 면과 좋은 점들을 먼저 이야기하고, 나중에 불평하거나 부탁하세요.

4. 문제나 부탁이 있을 때 "부록 1: 무슨 말을 할지 미리 계획하기"를 작성한
   후 위의 7가지 표현의 기술에 맞게 대화를 이끌어 보세요.

5. 표현의 기술을 사용했을 때 상대방이 어떻게 반응하는지 살펴보세요.

6. 표현의 기술을 사용했을 때 두 사람 사이에 어떤 변화가 생기는지 관찰해
   보세요.

3장

부드럽게 말하고 너그럽게 듣는 **토의의 기술**

부드럽게 말하고, 너그럽게 들으라.

- 달라이 라마(Dalai Lama)

사연을 듣기 전에 대답하는 자는 미련하여 욕을 당하느니라

- 잠언 18장 13절

얼마 전 우리 집을 방문한 지인 부부와 아침 식사를 나누던 중 삶의 지혜가 담긴 고백을 들었다. 그들은 지난 세월을 회상하며, "우리 부부도 남들처럼 치열하게 다투며 살았다"라고 털어놓았다. "지금까지 헤어지지 않고 살아온 것이 기적"이라고 하면서 당시에는 왜 그렇게 서로

지지 않으려고 자기주장만 앞세웠는지 모르겠다며 씁쓸하게 웃었다.

특히 "달라이 라마의 조언처럼 '부드럽게 말하고 너그럽게 들었더라면' 그토록 불필요한 소모전은 없었을 텐데 제대로 말하고 듣는 법을 몰라 관계를 망쳤던 것 같다"라는 말이 내 마음을 깊이 울렸다. 대화에 관한 글을 쓰는 사람으로서 그 귀한 통찰을 놓치고 싶지 않아 다시 한번 정중히 청해 들었다. 예순이 넘어서야 깨달은 이 교훈을 이제라도 가훈으로 삼고 싶다는 그의 진심 어린 토로는 하루 종일 내 머릿속을 떠나지 않았다.

말할 때는 부드럽게, 들을 때는 너그럽게.

이것은 비단 부부 관계뿐 아니라 우리가 배우고자 하는 '토의의 기술'을 관통하는 핵심 요소다. 본격적인 기술을 익히기에 앞서 우리는 흔히 혼용하는 '토의(discussion)'와 '토론(debate)'의 차이를 명확히 이해할 필요가 있다. 국어사전에 따르면 토의는 "바람직한 해결 방안을 모색하기 위해 검토하고 협의하는 과정"인 반면, 토론은 "각자의 의견을 말하며 논의하는 것"을 뜻한다.

내가 옳다는 신념으로 상대를 설득하는 과정이 토론이라면 토의는 내가 틀릴 수도 있다는 유연한 가정에서 출발한다. 그러므로 상대를 굴복시키려는 마음을 버리고, 양측 모두가 만족할 만한 '윈윈(win-win)'의 지점에 도달하는 것이 토의의 진정한 목적이다.

관계 전문가인 게리 채프먼 박사는 의사소통을 '자기표현'과 '경청'이라는 정교한 구조로 정의한다. 한 사람이 생각과 감정을 이야기하면 상대는 이를 온전히 파악하려는 의도를 가지고 귀를 기울인다. 이후 화자와 청자의 역할을 교대하며 서로를 깊이 이해할 때까지 이 과정은 계속된다.

결국 의사소통의 기술이란 어느 한 사람이 대화를 독점하지 않고, 충분히 말하고 충분히 이해받았음을 확인할 때까지 대화를 지속해 나가는 인내와 존중의 기술이다. 즉 토의 기술은 '이해'와 '표현'이라는 두 개의 단단한 기초 블록 위에 비로소 세워지는 지혜의 건축물이다.

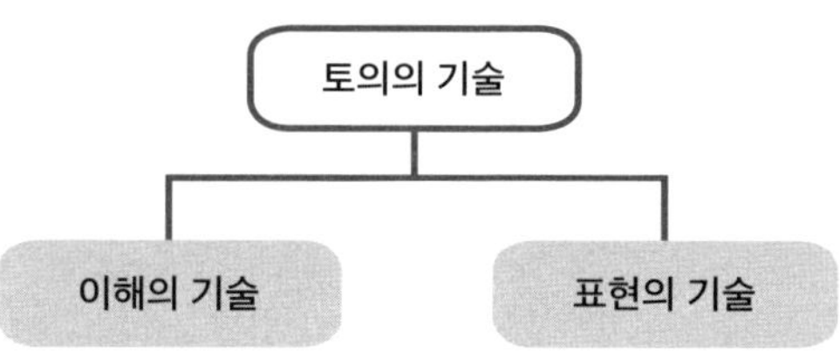

성경의 잠언 18장 13절은 "사연을 듣기 전에 대답하는 자는 미련하여 욕을 당하느니라"고 경고한다. 이는 시대를 초월한 소통의 핵심 원칙이다. 상대의 이야기가 끝나기도 전에 성급히 끼어드는 행위는 단순한 결례를 넘어 자신의 미련함을 드러내는 일이다.

흔히 "한국말은 끝까지 들어봐야 한다"라고들 말한다. 이는 비단 특정 언어에만 국한된 진리가 아니다. 언어와 문화를 막론하고 상대의 의도를 온전히 이해하기 위해서는 마지막 한 마디까지 귀를 기울여야 마땅하다.

- 현명한 자: 상대의 말을 끝까지 듣고 충분히 이해한 뒤 자신의 견해를 밝힌다.
- 어리석은 자: 맥락을 모두 파악하기도 전에 자신의 판단을 앞세운다.

사람은 대화 도중 상대의 의중을 모두 파악했다는 오만에 빠지기 쉽다. 경청을 멈추고 머릿속으로 '해결책'이나 '충고'를 설계하는데 급급해서는 안 된다. 진정한 공감은 상대의 문장이 마침표를 찍을 때 비로소 시작되는 법이다.

지혜의 근본은 말하는 입보다 듣는 귀에 있다. 상대의 사연을 끝까지 주의 깊게 듣는 일을 우선순위에 두고, 자기 생각은 그 뒤에 전하는 것이 가장 지혜로운 처사다.

토의의 기술은 언제 필요한가?

1. 의사 결정이 필요할 때
2. 해결해야 할 문제가 생겼을 때
3. 서로 의견 차이가 있을 때
4. 부탁이나 도움이 필요할 때

🗩 마음을 잇는 '표현 막대기'와 '펑퐁의 법칙'

효과적인 토의 기술을 습득하기 위한 핵심 도구는 바로 '표현 막대기(Talking Stick)'다. 이 도구는 과거 미국 원주민들이 회의를 진행할 때 사용하던 풍습에서 유래했다. 막대기의 재료나 장식에 따라 세부적인 의미는 달라지지만, '막대기를 쥔 사람만이 발언권을 갖는다'라는 원칙만큼은 변함이 없다.

말하는 이는 사랑과 진실을 담아 이야기해야 하며, 독점 방지를 위해 발언 시간을 적절히 조절해야 한다. 상대방이 자신의 의견을 충분히 이해했다고 판단될 때 비로소 막대기를 다음 사람에게 넘겨주고 말할 기회를 제공하는 것이 이 도구의 본질이다.

상대를 존중하는 기다림의 미학

표현 막대기는 상대의 말을 가로채는 잘못된 대화 습관을 교정하는 데 탁월한 효과를 발휘한다. 실제로 이를 사용해 보면 자신의 차례를 기다리는 것이 생각보다 쉽지 않음을 깨닫게 된다. 비록 초기에는 생소할지라도 막대기를 매개로 차례를 지키는 연습을 반복하다 보면 무의식 중에 끼어들려던 습관을 스스로 억제하고 경청의 태도를 갖추게 된다.

연습 초기에는 별이나 하트 모양 등 각자의 취향을 담은 예쁜 막대기를 제작하여 특정 장소에 두고 사용하는 것이 좋다. 만약 물리적인 막대기가 없는 상황이라면 주변의 볼펜, 수저, 인형, 쿠션 등 위협적이지 않은 어떤 물건이든 '표현 막대기'로 활용할 수 있다.

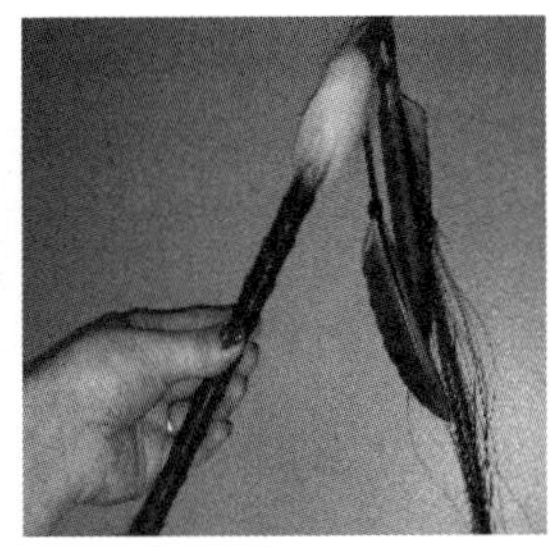

▶ 표현막대기

도구가 없을 때의 대안: '핑퐁의 법칙'

토의 기술을 배우지 않은 상대와 대화할 때는 물리적인 도구를 사용하기 어렵다. 이때는 머릿속으로 탁구 경기를 상상하는 것이 큰 도움이 된다. 공이 자신의 테이블로 넘어왔을 때만 받아칠 수 있는 탁구의 규칙처럼 대화 역시 '핑(ping)'과 '퐁(pong)'의 리듬에 맞춰 순서를 주고받는 과정이다. 비록 상대가 기술을 모를지라도 내가 먼저 차례를 지키며 경청하는 모습을 보이면 상대는 자신이 존중받고 있음을 느끼게 된다.

토의 기술이 가져다주는 진정한 유익

숙련된 토의 기술은 상반된 의견으로 시작된 대화를 상호 이해의 장으로 변모시킨다. 상대의 감정과 바람을 깊이 이해하기 위해 노력하는 과정에서 배려의 마음이 싹트게 되고, 이는 곧 사랑의 감정으로 이어진다. 결과적으로 서로가 만족할 만한 최선의 해결점에 도달하게 되며, 이 과정을 통해 관계는 이전보다 훨씬 친밀하고 견고해진다. 이제 이러한 유익을 바탕으로 토의의 기술을 단계별로 익혀 볼 차례다.

토의할 시간과 장소를 정하라

효과적인 대화를 위해서는 시간과 장소의 선정이 무엇보다 중요하다. 특히 중요한 사안을 논의할 때는 소음이 있거나 주의를 산만하게 만드는 장소는 피해야 한다. 대화에 온전히 집중할 수 있도록 텔레비전이나 컴퓨터, 전화기 등 방해 요소는 미리 차단하는 것이 바람직하다.

아무리 사안이 급하더라도 상대방의 상황을 고려하지 않은 채 일방적으로 대화를 시작하면 원하는 결과를 얻기 어렵다. 이는 표현의 기술의 핵심 원칙이기도 하다. 따라서 상대방을 존중하고 배려하는 마음으로 먼저 대화에 적절한 시간을 묻고 토의를 준비해야 한다.

예를 들어 "오늘 저녁 식사 후 아이들을 재우고 나서 거실에서 차를 마시면서 이사 문제에 관해 이야기하고 싶은데 괜찮겠소?"와 같은 방식이다. 이처럼 대화의 시공간을 정하고 주제를 미리 공유하면 상대방도 내용을 정리할 여유를 갖게 되어 훨씬 생산적인 대화가 가능해진다. 무엇을 어떻게 말할지 미리 준비하고 대화에 임한다면 이전과는 확연히 달라진 대화의 질을 경험하게 될 것이다.

💬 한쪽이 먼저 자기 생각이나 감정, 염려나 바람을 나누라

대화를 제안한 사람은 '표현 막대기'를 든 주도자로서 토의하고 싶은 문제를 먼저 제시한다. 이때 상대방에 대한 긍정적인 감정이나 장점을 언급하며 대화를 시작하는 것이 좋다. 문제를 명확히 규정하고 이 사안이 자신에게 왜 중요한지 설명하고, 그와 관련된 생각, 염려, 바람, 감정을 구체적으로 나눈다.

일반적으로 사실이나 생각을 나누기는 쉽지만, 마음속 깊은 염려나 걱정을 털어놓는 일은 친밀한 관계에서도 어렵다. 상대방을 더 걱정시키고 싶지 않다는 배려와 두려움 때문에 혼자 고민을 떠안으려 하기 때문이다. 특히 남성은 염려를 나누는 것에 대해 무능함의 노출로 여기거나 해결책이 없는 대화를 무의미하다고 판단하여 회피하는 경향이 있다.

반면 여성은 자신의 걱정을 상대방이 경청하고 공감해 주는 것만으로도 큰 정서적 해소를 경험한다. 비록 당장은 해결책이 없더라도 이해받았다는 느낌이 문제에 맞설 심리적 에너지를 제공한다. 아울러 여성은 배우자의 걱정거리를 함께 공유하기 원하며, 이를 통해 깊은 신뢰와 일체감을 느끼게 된다.

　문제 해결을 위해서는 자신이 바라는 점을 구체적으로 전달하는 과정이 필수적이다. 그 바람이 이루어졌을 때의 긍정적인 기분을 미리 공유하면 상대방의 협력을 이끌어 내기 훨씬 수월하다. 듣는 이는 상대방이 원하는 바를 명확히 알 때 비로소 돕고 싶다는 동기를 갖게 되기 때문이다.

　마지막으로 주의할 점은 혼자서 너무 길게 말하지 않는 것이다. 현대인의 평균 집중력은 과거에 비해 현저히 낮아진 상태이며, 외부 자극이 많은 환경에서는 온전한 경청이 더욱 어렵다. 따라서 말하는 도중 적절히 흐름을 끊고 상대방에게 피드백할 시간을 주어야 한다. 생각, 걱정, 바람, 감정을 단계별로 나누어 대화하고 중간마다 상대방의 반응을 확인하는 것이야말로 중요한 포인트를 놓치지 않는 효과적인 대화법이다.

🗩 듣는 사람은 이해의 기술을 보여주라

　진정한 이해란 단순히 소리를 듣는 행위를 넘어 상대의 세계로 조심스럽게 발을 들이는 공감의 여정이다. 상대방을 온전히 수용하기 위해 가장 먼저 필요한 것은 편견 없는 열린 마음과 상대방을 존중하는 경청의 자세를 갖추는 일이다. 그 깊은 이해의 단계로 나아가기 위한 핵심은 다음과 같다.

- 관점의 전이: 나를 잠시 내려놓고 상대방의 시선에서 세상을 바라보며, 그의 입장에 서보는 것에서 대화가 시작된다.
- 대화의 로드맵: 상대가 처한 상황 속의 염려와 관심, 그 이면에 숨겨진 간절한 바람과 미세한 감정의 떨림까지 놓치지 않도록 '경험 모델'이라는 이정표를 따라 집중해야 한다.
- 몰입의 미학: 피드백에 대한 강박으로 말을 외우려고 애쓰기보다 이야기 속 주인공이 되어 상대와 함께 호흡해야 한다. 인위적인 기억의 노력을 내려놓을 때 비로소 상대의 경험은 한 편의 파노라마처럼 마음속에 선명하게 그려지고, 자연스러운 피드백의 길을 열어준다.

마지막으로 주의할 점은 인내의 미덕을 발휘하는 것이다. 긴급한 확인이 필요한 순간이 아니라면 중간에 말을 끊고 싶은 충동을 뒤로한 채 끝까지 침묵하며 경청해야 한다. 이렇듯 상대의 경험을 결대로 따라가며 온전히 소화한 후 내가 이해한 바를 정중히 요약하여 건네는 것, 그것이 바로 진정한 소통의 완성이다.

🗨 토의가 진행됨에 따라 때때로 순서를 바꾸라

자신의 이야기를 경청한 상대의 피드백이 충분한 이해에 도달했다고 판단되면 비로소 '이제 당신의 이야기를 듣고 싶소'라며 쥐고 있던 '표현 막대기'를 건네주게 된다. 이는 말할 차례가 공식적으로 전환되었음을 의미한다.

이제 표현 막대기를 넘겨받은 사람은 상대가 꺼내놓은 문제에 대해 자신이 품고 있던 생각과 염려, 관심사와 바람 그리고 그에 따른 진솔한 감정들을 이야기한다. 이때 차례가 바뀌어 듣는 입장이 된 사람은 다시 한번 이해의 기술을 발휘하여 피드백해 주고, 대화가 무르익으면 다시 표현 막대기를 상대에게 넘겨준다.

이러한 과정의 반복은 다음과 같은 변화를 이끌어 낸다.

- 대화의 심화: 충분히 말할 기회와 온전히 경청 받을 기회를 상호 보장함으로써 대화는 점차 진지해지고 깊이가 더해진다.
- 공감의 형성: 반복되는 교류 속에서 상대방을 향한 깊은 이해심이 싹트게 된다.
- 상생의 결과: 결과적으로 상대가 원하는 바를 기꺼이 들어주고 싶은 열망이 생겨나며, 서로가 원하는 목적지에 자연스럽게 도달하게 된다.

결국 진정한 소통이란 표현 막대기를 주고받는 리듬 속에서 완성되는 것이다.

💬 차례를 바꿀 타이밍을 알아야 한다

효율적인 토의를 위한 '표현 막대기' 활용법

토의의 핵심 규칙은 특정 개인의 독점을 방지하고 공평하게 발언권을 나누는 것이다. 이를 위해 대화의 주도권을 상징하는 '표현 막대기'를 적절한 시점에 주고받는 기술이 필요하다.

화자가 주도권을 넘겨야 하는 순간

말하는 사람은 다음과 같은 상황에서 상대에게 발언 기회를 주어야 한다.

- 전달하고자 하는 메시지를 상대방이 충분히 이해했다고 판단될 때
- 주제에 대한 상대방의 견해나 관심사를 확인하고 싶을 때
- 자신의 이야기에 대해 상대방의 질문 여부를 확인하고자 할 때
- 상대방이 정서적인 혼란이나 분노를 느끼고 있어 배려가 필요할 때

이때 "이제 당신의 의견을 듣고 싶다" 혹은 "궁금한 점이 있는가"라는 질문으로 자연스럽게 차례를 넘기는 것이 바람직하다.

청자가 발언권을 요청해야 하는 순간

듣는 사람은 '이해의 기술'을 발휘함과 동시에 아래의 상황에서 정중히 대화 흐름에 개입할 수 있다.

- 상대의 이야기를 충분히 경청하고 공감을 표현한 뒤, 공식적으로 차례를 넘겨받을 때
- 내용이 난해하여 추가적인 설명이나 질문이 필요할 때
- 감정이 격앙되어 집중력이 흐트러지거나 경청이 어려울 때
- 논의 중인 사안에 대해 반드시 전달해야 할 개인적 의견이 있을 때
- 상대방이 불필요하게 말을 반복하거나 주제에서 벗어난 이야기를 지속할 때

경험을 통한 체득의 중요성

이러한 규칙은 이론적인 설명만으로는 완벽히 습득하기 어렵다. "백문이 불여일견, 백각이 불여일행(百聞而 不如一見 百覺而 不如一行)"이라는 말처럼 직접적인 실습이 필수적이다. 초기에는 막대기를 주고받는 과정이 다소 생소하고 복잡하게 느껴질 수 있으나, 반복적인 훈련을 거치면 도구 없이도 자연스러운 대화의 흐름을 형성하게 된다. 따라서 규칙을 암기하기보다 현장에서 직접 경험하면서 몸으로 익히는 것(Learning by

Doing)이 최상의 학습법이다.

관계의 시각화: 낙엽 도표

데니스 스토이카의 '낙엽 도표(Fallen Leaves)'는 대화 중 발생하는 상호작용을 시각적으로 구현한 모델이다. 이는 두 개의 낙엽이 바람에 실려 지그재그로 하강하며 서로 교차하는 모습에 비유된다.

대화가 깊어질수록 두 사람의 '낙엽'은 단순히 의견을 나누는 수준을 넘어선다. 표면적인 문제에서 시작해 심층적인 염려와 바람 그리고 가장 밑바닥에 존재하는 감정의 영역까지 서로 맞닿으며 하강하는 과정, 그것이 바로 낙엽 도표가 지향하는 진정한 소통의 의미다.

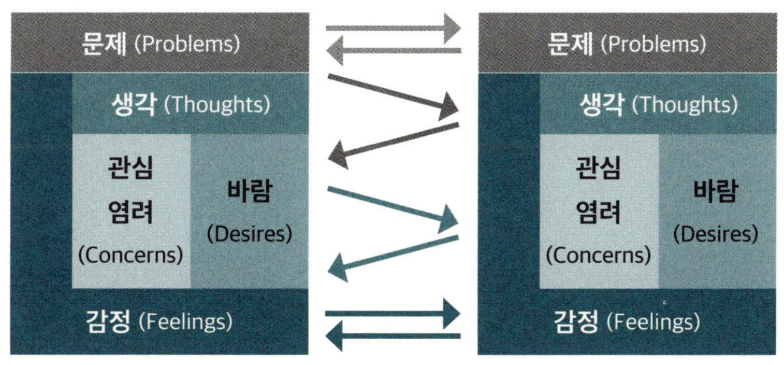

낙엽 도표 (Fallen Leaves)

경험 모델을 통한 공감과 치유: 낙엽 도표의 본질

토의 석상에 마주 앉은 두 사람이 차례를 지켜 대화를 주고받으며 경험 모델에 입각한 논의를 지속하다 보면 이야기는 어느덧 표면적인 문제를 넘어 내밀한 심연으로 들어가게 된다. 상대방이 진심 어린 이해의 태도로 경청하고 있음을 체감하는 순간, 화자는 이전에 미처 꺼내놓지 못한 염려와 관심사 그리고 마음 깊은 곳의 걱정거리를 비로소 털어놓기 시작한다. 이는 자신이 진정으로 갈망하는 바가 무엇인지, 그리고 현재 어떠한 감정의 파고를 겪고 있는지 가감 없이 나누는 임계점에 도달하는 과정이다.

공감의 발견과 상호 이해의 확장

이처럼 한쪽이 화자가 되고 다른 한쪽이 이해의 기술을 발휘하며 토의를 이어갈 때 두 사람은 당초 예상치 못했던 감정의 세계로 깊숙이 진입하게 된다. 이 과정에서 상대방의 처지를 온전히 수용하고 공감하게 되는 경이로운 경험을 하게 된다. 화자 또한 상대의 열린 마음을 확인하면서 자기 내면을 보다 구체적으로 소명하기 시작한다. 제기된 문제에 대한 본인의 견해와 우려의 이유, 그로 인한 고통의 실체, 특정 화두에 민감하게 반응하거나 방어기제를 세웠던 배경, 그리고 그 기저에 자리한 슬픔의 뿌리를 고백하는 것이다.

동병상련을 통한 치유의 시작

이야기를 경청하던 상대방이 고개를 끄덕이며 눈시울을 붉히는 순간 두 사람은 이전에 경험하지 못한 정서적 연대감, 즉 '동병상련'의 상태에 놓이게 된다. 이는 서로의 고통을 어루만지는 치유의 서막이다. 과거에는 도저히 이해할 수 없었던 상대방의 고집스러운 주장이나 반대를 위한 반대 뒤에 숨겨진 진실된 동기를 비로소 직면하게 된다. 그리고 그 배후에는 어린 시절의 쓰라린 상처와 거절의 기억, 그리고 불안과 두려움을 야기했던 충격적인 사건들이 원인으로 자리 잡고 있음을 깨닫게 된다.

자기 발견과 낙엽 도표의 상징성

이러한 통찰은 상대방에게만 국한되지 않으며, 화자 또한 자기 내면을 재발견하는 계기가 된다. 타협이 불가능해 보였던 자신의 외골수적인 면모 역시 성장 과정의 경험에서 기인했다는 사실을 자각하게 되는 것이다. 문제를 해결하기 위해 시작한 토의가 결국 상대에 대한 새로운 발견과 자아 성찰로 귀결되는 것, 이것이 바로 '낙엽 도표'가 내포하고 있는 진정한 상징적 의미다.

가슴으로 풀어가는 문제 해결의 지렛대

정서적 교감이 충분히 이루어지면 고질적이던 갈등 요소들은 더 이상 장애가 되지 않는다. 마음이 열리면 자연스럽게 상대의 목소리에 귀를 기울이고 싶은 의지가 생겨나기 때문이다. 따라서 토의의 목적을 단순한 문제 해결에 국한할 것이 아니라 문제와 결부된 각자의 사유와 염려, 소망과 감정을 공유하고 이해하는 데 두어야 한다. 즉 논리적인 머리가 아닌 뜨거운 가슴으로 문제를 풀어가는 것이야말로 진정한 해결을 향한 가장 효과적인 지름길임을 명심하고, 토의의 기술을 실습하는 데 매진해야 한다.

1. 토의할 시간과 장소를 정하라.
2. 한쪽이 먼저 자기 생각이나 감정, 염려나 바람을 나누라.
3. 듣는 사람은 이해의 기술을 보여주라.
4. 토의가 진행됨에 따라 때때로 순서를 바꾸라.
5. 차례를 바꿀 타이밍을 알아야 한다.

관계 향상시키기

1. 부부가 함께 토의 기술에서 사용할 '표현 막대기'를 만들어 보세요. 문방구나 수공예품 파는 곳에서 볼펜 두 개 정도 되는 길이의 둥근 막대기를 구입하고, 그 위에 예쁜 모양의 스티커나 그림을 붙여 장식한 후 리본으로 마무리하세요. 창조적인 아이디어를 사용하여 멋지게 장식한 다음, 부부가 함께 대화할 때 사용하세요.

2. 보다 친밀한 부부 관계 혹은 가족 관계를 위해 하고 싶은 일이나 활동이 있다면 토의 기술을 사용하여 이야기해 보세요. '표현 막대기'나 이를 대용할 수 있는 물건을 사용하면서 이야기해 보세요. 특별히 생각나는 활동이 없다면 아래에서 마음에 드는 활동을 고른 후 토의 기술에 맞추어 대화를 나누세요. 그리고 결정한 바를 실천한 후에 서로의 생각과 기분을 나눠 보세요.

① 주간 데이트　　　② 매일의 대화 시간　　　③ 외식
④ 함께 기도하는 시간　　　⑤ 아침과 저녁에 인사하기　　　⑥ 함께하는 운동
⑦ 기념일　　　⑧ 서로 마사지해 주기　　　⑨ 함께 일하기

3. 최근에 생긴 '문제' 하나를 골라 토의의 기술을 사용하면서
   이야기를 나누세요. 토의한 후에 서로의 생각이나 느낌을 나눠 보세요.

4. 전에 대화할 때와 토의의 기술을 배운 후에 달라진 변화가 무엇인지
   이야기해 보세요.

4장

잘못된 대화 패턴을 바꾸는 **코칭의 기술**

말이 입힌 상처는 칼이 입힌 상처보다 깊다.

- 모로코 속담

유순한 대답은 분노를 쉬게 하여도 과격한 말은 노를 격동하느니라

- 잠언 15장 1절

가까운 사이일수록 타인을 대하듯 최소한의 예의를 갖추는 것이 관계의 핵심이다. 배우자를 옆집 이웃처럼 존중하고, 자녀를 타인의 아이처럼 친절하게 대한다면 감정의 파국은 방지할 수 있다. 하지만 익숙함이라는 함정에 빠져 함부로 내뱉은 말은 소중한 이들의 마음에 깊은 생

채기를 남기기 마련이다.

오래전 버지니아 해변(Virginia Beach)의 한 호텔 식당에서 만난 은발의 노부부는 진정한 관계의 귀감을 보여준 사례였다. 결혼 45주년을 맞아 여행 중이던 그들은 정중한 옷차림과 온화한 미소로 서로를 대하고 있었다. 그들에게 행복의 비결을 묻자, 돌아온 답변은 단순하지만 명료한 '사랑과 존경'이라는 두 단어였다.

그들은 결혼 생활 내내 이 가치를 부부의 도(道)로 삼아 서로를 예우해 왔다. 사진 촬영을 위해 아내가 남편의 어깨에 살며시 머리를 기댄 순간, 렌즈에 담긴 두 사람의 설렘은 시대를 초월한 감동적인 장면이었다.

반면에 현대의 많은 중년 부부들이 동반 여행보다 친구와의 여행을 선호하는 현상은 시사하는 바가 크다. 사소한 의견 충돌이 비난과 갈등으로 번지는 부부 관계와 달리, 공감과 지지를 보내주는 친구와의 시간에서 치유를 경험하기 때문이다. 이는 결국 대화의 방식과 태도의 문제로 귀결된다.

노년까지 이어지는 행복한 동행을 위해서는 단순한 지식을 넘어선 실천적 기술이 필요하다. 머리로는 이해할지라도 익숙한 습관 탓에 불쑥 튀어나오는 날 선 말투를 제어할 안전장치가 절실한 시점이다.

상대를 온전히 존중하고 있음을 보여주는 '코칭의 기술'은 바로 이러한 갈등을 해소하는 열쇠라 할 수 있다. 이 기술을 체득하여 대화에 적용한다면 어떤 예민한 주제라도 안심하고 논의할 수 있는 관계의 토대가 마련될 것이다. 나아가 대화의 질을 높이는 것이 곧 삶의 질을 바꾸는 혁신의 시작이 된다.

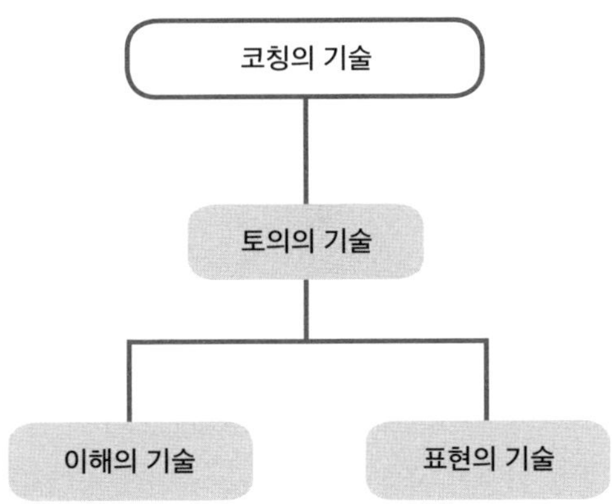

코칭 기술은 위 도표에서 제시된 것처럼 이해, 표현 그리고 토의의 기술을 유기적으로 활용할 수 있도록 가이드하는 통합적 방법이다. 이는 단순한 대화 기법을 넘어 관계의 밀도를 높이고 상호 성장을 도모하는 소통의 핵심이다.

운동 경기에서 코치가 선수의 기본기를 단련시키고 잠재력을 끌어올리듯 대화에서의 코칭 역시 이와 궤를 같이한다.

- 동기 부여와 격려: 코치는 상대가 대화의 기술을 실천할 때 아낌없는 찬사를 보내고, 어려움에 직면했을 때 지속해서 동기 부여를 하는 존재다.

- 실시간 가이드: 대화의 흐름이 어긋날 때 이를 바로잡아 주고, 적절한 기

술을 망각했을 때 부드럽게 상기시키는 조력자이다.

- 감정의 조율: 경기가 과열될 때 작전 타임을 갖듯 대화 중 고조된 감정을 진정시키고 침착함을 유지하도록 돕는 정서적 중재자이다.

코칭의 기술의 진정한 가치는 평온한 때보다 갈등의 정점에서 극명하게 드러난다. 이는 마치 자동차의 안전벨트 같아서 일상에서는 존재감이 미미하지만, 위급 상황에서는 관계의 파국을 막는 결정적 장치가 된다.

- 갈등의 완충: 기술이 부재한 대화는 날카로운 언어로 서로에게 상처를 입히지만, 코칭 기술은 이성을 잃기 쉬운 순간에 극단적 충돌을 방지하는 보호막이 된다.
- '윈윈'의 지향: 코칭은 어느 한쪽의 일방적인 승리가 아닌, 두 사람 모두가 대화라는 경기에서 승리자가 되는 것을 궁극적인 목표로 삼는다.

모든 대화의 주체는 상대방이 자기 말에 귀를 기울이고 자신을 이해하며, 어떤 상황에서도 존중해주기를 갈망한다. 코칭의 기술은 이러한 본연의 기대를 현실로 구현하는 정교한 도구다.

- 이해의 기술: 상대방의 내면에 관심을 두고 경청하면서 공감의 토대를 마련하는 과정이다.
- 표현과 토의의 기술: 자신의 감정과 바람을 세련되게 전달하면서도 질서

를 지켜 최선의 결론을 도출하는 고도의 상호작용이다.

결국 코칭 기술은 상처를 남기는 구태의연한 대화 방식을 탈피해 관계의 품격을 높이는 소통 방식을 체득하게 만드는 길잡이다. 이제 우리는 이 세련된 소통의 기술을 구체적으로 탐구하면서 일상의 대화를 서로가 윈윈하는 관계 향상의 대화로 승화시켜 보자.

코칭의 기술은 언제 필요한가?

- **공감적 경청의 부재**: 상대방이 경청하는 자세를 보이지 않거나 화자의 입장을 이해하고 피드백하는 과정이 생략될 때
- **표현 기술의 미숙**: 감정적인 비난으로 대화를 시작하거나 추상적이고 포괄적인 표현으로 상대의 화를 자극할 때
- **토의 규칙의 위반**: 대화의 차례를 지키지 않고 상대의 말을 가로채는 등 기본적인 상호작용의 흐름을 깨뜨릴 때

💬 코칭의 기술을 어떻게 사용할지 서로 합의하자

중지 신호와 문구의 설정

스포츠 경기에서 코치가 전략 재수립이나 오류 수정을 위해 특정 신

호를 보내듯 대화에서도 감정이 격양되거나 기술적 이탈이 발생할 때를 대비한 약속이 필요하다. 이를 '중지 신호(body sign)' 또는 '중지 문구(stop phrase)'라 정의한다.

- 중지 신호: 손을 앞으로 뻗거나 어깨를 가볍게 다독이는 등 위협적이지 않은 신체적 동작을 활용한다.
- 중지 문구: 대면 상태가 아닐 경우 유용하며, "잠깐만요" 또는 상대의 이름을 부드럽게 부르는 등 사전에 합의된 단어를 사용한다.

신호 수용과 잘못의 즉각적인 수정

중지 신호를 받으면 대화의 흐름과 관계없이 즉시 발언을 멈추어야 한다. 이후 자신이 어떤 부분에서 대화의 기술을 놓쳤는지 스스로 점검한다. 이해와 표현의 기술이 적절했는지, 또 성급하게 개입하지 않았는지 복기하며 잘못된 부분을 수정하는 것이 핵심이다.

상호 협력을 통한 교정

자신의 오류를 스스로 파악하기 어려울 때는 상대방에게 정중히 도움을 요청한다. 이때 코칭을 수행하는 상대방은 "항상이라는 단어 대신 가끔이라는 표현이 적절하다"처럼 구체적이고 친절한 가이드를 제공해야 한다. 이는 대화의 기술을 연마하는 초보자가 올바른 습관을 형성하도록 돕는 필수적인 과정이다.

갈등 요인의 탐색과 점검

양측 모두 문제의 원인을 찾지 못했음에도 분위기가 방어적이거나 불쾌감이 감돈다면 무의식중에 '싸우는 말'을 사용했는지 점검해야 한다. 상대의 감정을 자극하는 표현이 있었는지 파악하고, 대화의 본질로 돌아가기 위해 현재의 심리적 상태를 솔직하게 공유하면서 다음의 사항들을 구체적으로 점검해 보자.

1) '너 메시지'를 사용했는가?

지난 25년간 자녀 양육과 부부 관계, 분노 조절 프로그램을 운영하며 확인한 가장 강력한 대화 도구는 단연 '나 메시지(I-message)'다. 타인의 행동으로 인해 부정적인 감정이 생길 때 비난의 화살을 상대에게 돌리는 '너 메시지(You-message)'는 관계를 단절시킨다. 반면에 주어를 '나'로 설정하는 대화법은 상대의 방어기제를 낮추고 변화를 이끌어 내는 고도의 심리적 기술이다.

왜 '나 메시지'인가?

'너 메시지'는 상대의 잘못을 공격하는 화살이 되어 반사적인 방어와 재공격(counter-attack)을 유발한다. 하지만 감정을 조절한 뒤 '나 메시지'를 선택한다면 다음과 같은 유익을 얻게 된다.

- 자발적 행동 수정: 상대방이 자기 행동을 돌아보게 하는 긍정적 영향력을 끼친다.
- 저항의 최소화: 비난이 배제되기에 상대가 공격받는다는 느낌 없이 메시지를 수용하게 된다.
- 책임의 위임: 문제를 해결하고 행동을 교정할 책임을 상대방에게 정중히 넘김으로써 변화의 동기를 부여하게 된다.

효과적인 '나 메시지'는 치밀하게 설계된 4단계의 흐름을 따른다.

단계	핵심 요소	실행 전략
1단계	감정 표현	현재 느끼는 솔직한 감정(속상함, 슬픔 등)을 명확한 단어로 전달한다.
2단계	행동 설명	과거를 들추지 말고, 지금 발생한 구체적인 상황만 객관적으로 언급한다.
3단계	이유 제시	'왜냐하면'이라는 연결어를 통해 내 감정이 발생한 원인을 진솔하게 설명한다.
4단계	대안 요청	내가 바라는 구체적인 행동 변화를 정중하고 명확하게 부탁한다.

실전 적용: '너'에서 '나'로의 전환

숙제를 하지 않는 아이를 훈육할 때 "너, 엄마 말이 말 같지 않니?"라는 날 선 반응은 전형적인 '너 메시지'다. 이를 효과적인 '나 메시지'로 바꾸면 다음과 같은 품격 있는 대화가 완성된다.

"엄마는 조금 속상하구나. 여러 번 이야기했는데 아직 숙제를 끝내지 않아서 말이야. 네가 엄마 말을 가볍게 여기는 것 같다는 생각이 들기 때문이지. 힘들더라도 지금 하던 일을 멈추고 숙제부터 마치면 좋겠구나."

2) '생각'과 '느낌'을 혼동해서 사용했는가?

일상적인 대화에서 우리는 '생각'과 '느낌'을 혼동하는 오류를 범하곤 한다. '느껴진다'라는 단어를 습관적으로 사용하지만, 그 내면을 들여다보면 감정이 아닌 주관적 '평가'나 '판단'인 경우가 대부분이다. 이러한 혼용은 화자의 의도와 달리 상대방에게 비난이나 분석으로 전달될 위험이 크다. 이는 결과적으로 상대의 방어기제를 자극하여 대화의 단절을 초래하는 원인이 된다.

"화가 난 것 같아요"라는 표현은 문법적·정서적으로 모순을 내포한다. 감정은 추측의 대상이 아니라 실존하는 확신의 영역이다. 동양적 유교 정서나 겸양의 미덕 때문에 감정 표현을 우회하는 경향이 있지만, 이는 오히려 상대에게 혼란을 주는 불투명한 소통 방식이다. 자기 내면을 "화가 난다" "슬프다" "괴롭다"와 같이 명확한 서술어로 표현하는 것이 진정한 의미의 정직한 대화라 할 수 있다.

마셜 로젠버그 박사는 생각과 느낌을 구별하는 명확한 기준을 다음과 같이 제시해 준다.

- 판단이 개입된 가짜 느낌: '~해야 한다' '~처럼' 뒤에 '느낀다'를 붙이는 경우다. 이는 느낌이 아니라 본인의 가치관이나 자아비판을 서술한 것에 불과하다.
- 의견이 투영된 대명사 활용: '그가 ~라고 느낀다'와 같은 표현 역시 감정의 공유가 아닌, 타인에 대한 개인적인 견해나 평가의 표출이다.

대다수 성인은 자신이 느끼는 감정을 30개 이상의 단어로 설명하지 못하는 '감정 문해력'의 결핍을 겪는다. 이는 감정 표현을 가볍게 여기는 사회적 편견과 억압된 정서 구조에서 기인한다. 그러나 자신의 상태를 세밀한 어휘로 정의하는 과정은 자신에게 정직해지는 고도의 심리적 작업이다. 정확한 감정의 전달은 상대방에게 내면세계를 개방하는 초대장이며, 비로소 깊이 있는 친밀감으로 진입하는 유일한 통로가 된다.

3) 일반적이나 당위적 관점에서 말했는가?

"상식이 있는 사람이라면~" "대부분 여자들은~"과 같은 일반화된 표현은 개인의 특수성을 지워 버린다. 화자는 이를 객관적인 사실인 양 전달하지만, 실제로는 자신의 편견이나 주관을 '보편적 진리'라는 틀에 가두어 상대에게 강요하는 행위다. 이는 듣는 이로 하여금 자기 생각이나 처지가 '비정상'이라는 느낌을 받게 만든다.

"마땅히 ~해야 한다"라는 당위적 표현은 대화를 소통이 아닌 '훈계'의 영역으로 변질시킨다. 심리학적으로 인간은 누구나 자신의 자율성을 지키려는 욕구가 있다. 따라서 외부에서 강력한 도덕적·사회적 잣대를 들이대면서 행동을 규정하려 들면 상대방은 무의식적으로 방어기제를 작동시켜 마음의 문을 닫게 된다.

이러한 화법의 가장 큰 문제는 말하는 사람과 듣는 사람 사이의 위계 관계를 형성한다는 점이다. 판단하고 평가하는 사람은 '심판'의 위치에 서고, 평가받는 사람은 '피고인'의 위치에 서게 된다. 수평적인 공감이 이루어져야 할 대화의 장이 수직적인 검증의 장으로 변질되면서 진솔한 감정 교류는 불가능해진다. 이러한 표현이 위험한 또 하나의 이유는 그 기저에 '나는 맞고 너는 틀렸다'라는 식의 판단이나 평가가 깔려 있기 때문이다. 화자가 객관적인 기준을 설정하는 순간, 상대방은 은연중에 비난받는 느낌을 받게 되어 심리적 저항감을 갖게 된다.

결국 일반적·당위적 화법은 상대를 위하는 척하지만, 실상은 화자의 우월감을 확인하거나 상대를 통제하려는 의도가 내포된 경우가 많다. "좋은 아버지라면~"과 같은 말은 격려가 아닌 낙인으로 작용하며, 건강한 소통을 가로막는 결정적인 장애물이 될 뿐이다.

4) 구체적으로 말했는가?

갈등을 증폭시키는 가장 흔한 원인은 '항상' '절대' '단 한 번도' 같은 극단적인 단어의 사용이다. 이처럼 성급한 일반화와 과장은 문제의 본질을 흐리고 상대방의 방어기제를 자극해 불필요한 감정싸움으로 이어지게 만든다. 따라서 건강한 소통을 위해서는 단정적인 화법을 경계해야 한다. 그 대신 '가끔' '종종' '내가 기억하기로는'처럼 상황을 한정 짓는 유연하고 객관적인 표현을 사용하여 자기 의사를 구체적으로 전달하는 노력이 필요하다.

5) 인격을 모독하는 인신공격이나 기분 나쁜 별명을 불렀는가?

상대방의 인격을 깎아내리거나 혐오적인 꼬리표를 붙이는 행위는 관계에 치명적인 독이다. 무능함이나 외모를 비하하는 원색적인 조롱은 문제 해결에 아무런 도움이 되지 않으며, 상대에게 깊은 불쾌감과 모멸감만 남길 뿐이다. 일상적인 대화에서 타인을 깎아내리는 공격적인 표현과 욕설만 걷어내도 관계의 질은 비약적으로 상승한다. 최근 미디어 콘텐츠에서 자극적인 욕설이 유머 코드처럼 남용되면서 언어의 폭력성에 둔감해지는 경향이 있으나, 이는 결코 정상적인 소통 방식이 될 수 없다.

결론적으로 위에서 언급한 요소들뿐만 아니라 일방적인 명령, 섣부른 충고, 비난 섞인 평가 역시 대화를 단절시키는 '공격적 화법'에 속한다. 서로가 주고받는 대화 속에 이러한 독성 언어들이 자리 잡고 있지는 않은지 객관적으로 점검하고, 이를 건강한 언어로 교정해 나가는 과정이 필수적이다.

💬 상대방의 조언과 수정에 감사를 표현하자

타인이 나의 대화 방식에 대해 조언하거나 오류를 바로잡아 줄 때 이를 감정적으로 받아들이기보다 성장을 위한 자산으로 삼는 태도가 필요하다. 수용적인 태도가 결여되면 상대는 더 이상 진실한 피드백을 전달할 용기를 내지 못하기 때문이다. 이는 결국 실무적인 연습의 기회를 박탈하고, 개인의 커뮤니케이션 역량 발전을 저해하는 결정적인 원인이 된다는 점을 명심해야 할 것이다.

효과적인 코칭의 기술은 성경의 잠언 15장 1절의 메시지와 맥을 같이 한다. "유순한 대답은 분노를 쉽게 하여도 과격한 말은 노를 격동하느니라"라는 구절은 현대 대화법에서도 변함없는 진리다. 여기서 '유순한 대답'은 상대에 대한 존중을 담은 낮은 톤과 부드러운 화법을 의미하며, '과격한 말'은 불필요한 마찰을 일으키는 공격적인 언어를 뜻한다. 대화 중 상대의 감정을 자극하는 부정적인 언어를 의식적으로 배제하고 친절한 어휘를 선택하는 것만으로도 불필요한 갈등의 상당 부분을 미연에 방지할 수 있다.

많은 대화의 기술 훈련 참가자들은 코칭 기법을 접한 뒤 관계 악화의 근본 원인이 '싸우는 말'에 있음을 깨달았다고 고백한다. 선의로 시작한 대화가 언쟁으로 번지는 이유는 메시지의 내용보다 전달 방식에서 기인한 감정적 상처 때문이다. 공격적인 언어는 상대의 마음과 귀를 닫게 만들며, 대화의 본질을 흐리게 한다. 이러한 메커니즘을 명확히 인지하는 것만으로도 소통의 질은 비약적으로 향상될 수 있다.

"입이 입힌 상처는 칼이 입힌 상처보다 깊다."

우리는 무의식중에 튀어나오는 습관적인 '싸우는 말'을 면밀히 점검하고 제거하기 위한 노력을 멈추지 말아야 한다. 또 자기의 언어 습관을 교정함과 동시에 주변인들이 건강한 대화를 나눌 수 있도록 조력하는 훌륭한 코치 역할을 수행할 필요가 있다. 나아가 이미 학습한 이해와 표현, 토의의 기술을 일상 가운데 부지런히 복습하고 실천함으로써 대화의 전문성을 완성해 나가야 할 것이다.

1. 코칭 기술을 어떻게 사용할 것인지 서로 합의하자.
2. 서로가 대화의 기술을 유지하면서 이야기할 수 있도록 '중지 신호'를 사용하자.
3. '중지 신호'를 받으면 곧바로 대화를 중단하고 잘못을 수정하자.
4. 무엇을 잘못했는지 생각나지 않으면 상대방에게 도움을 청하자.
5. 양쪽 모두 문제의 원인을 찾지 못했다면 '싸우는 말'을 사용했는지 점검해 보자.
6. 상대방의 수정에 대해 감사를 표현하자.

관계 향상시키기

1. 갈등 속에서도 상호 존중하기 연습: 배우자나 자녀 또는 가족들에게 화가 나거나 부정적인 감정이 생길 때 어떻게 존중해 주면 좋을지 물어보세요. 갈등이 생겼을 때 상처받았던 말, 태도, 행동이 무엇인지 생각해 본 후 다음 질문에 답해 달라고 부탁하세요.

① 이런 말보다는 ______________________
   이렇게 말해 주면 좋겠어요. ______________________
② 이런 태도보다는 ______________________
   이런 태도를 보여주면 좋겠어요. ______________________
③ 이런 행동보다는 ______________________
   이런 행동을 보여주면 좋겠어요. ______________________

2. 자신이 사용하는 말 가운데 상대방을 화나게 하는 말이나 표현은 무엇인지
   곰곰이 생각해 보세요. 잘 생각나지 않으면 "코칭의 기술 포인트" 5번에서
   '싸우는 말'을 살펴보거나 가족들에게 물어서 써 보세요.

3. 혹시 자신이 욕을 하거나 인신 공격이나 인격 모독의 말을 사용하고 있는
   지 생각해 보고 적어 보세요. 그리고 이런 욕이나 인격 모독의 말을 앞으로
   사용하지 않기로 다짐하면서 대화 중에 실천해 보세요.

5장

모든 대화에 필요한 **갈등 해결의 기술**

가족을 항로에서 이탈시키고 시너지 창조를 가로막는 방해물이 있다면 그것
은 화를 내는 것과 같은 부정적인 감정일 것이다. 분노는 우리를 문제에 빠뜨
리고, 자만은 거기서 헤어 나오지 못하게 한다.

- 스티븐 코비

7월 4일은 미국의 독립을 기념하는 축제일이다. 전역에서 가족과 친
지가 모여 바비큐 파티를 즐기고, 해가 저물면 대형 폭죽이 한여름 밤을
화려하게 수놓는다. 여름의 절정에 달했던 날, 요트 클럽이 주관하는 파
티에 초대받았다. 식사 자리에서 우연히 옆에 앉은 리치 씨 부부와 대화
를 나누게 되었다. 25세에 만나 50년의 세월을 함께한 이탈리아계 부부

였다.

세월이 흘러도 부부의 러브스토리는 결코 빛이 바래지 않는 법이다. 남편 리치 씨는 지갑에서 연애 시절 사진을 꺼내며 아내에 대한 찬사를 늘어놓았다. 훌륭한 요리 솜씨부터 여든을 바라보는 나이에도 비영리기관에서 자원봉사를 이어가는 열정까지 그의 칭찬은 끊이지 않았다. 그의 이야기를 듣다가 곁에 앉은 아내 로즈 여사에게 남편의 칭찬이 즐거운지, 그리고 지금도 여전히 행복한지 물었다. 그녀는 주저 없이 그렇다고 대답했다.

반세기가 넘도록 행복을 유지하는 비결을 묻자, 그녀는 '사랑과 존중 그리고 함께하는 시간'을 꼽았다. 이 세 가치를 지키기 위해 끊임없이 노력해 온 것이 평온한 결혼 생활의 원동력이라는 것이다. 그 대답을 듣는 순간, 작년 버지니아 해변에서 마주쳤던 또 다른 노부부의 모습이 교차했다. 이어 그토록 긴 세월 동안 과연 갈등이나 다툼이 한 번도 없었는지 핵심적인 질문을 던졌다.

로즈 여사는 부드러운 미소를 지으며 부부 사이에 갈등이 없을 순 없다고 단언했다. 하지만 위기의 순간마다 두 사람이 가슴에 새긴 것은 다름 아닌 '사랑과 존경'이었다. 그것이 바로 오랜 세월 견고한 행복을 지탱해 온 진정한 비결이었다. 마음의 벽을 쌓고 살아가는 수많은 부부와 대조적으로 서로를 향한 사랑과 존경을 잃지 않는 부부는 어떠한 위기 속에서도 관계를 유지한다. 힘든 순간에도 2가지 가치의 끈을 놓지 않는 것이 얼마나 큰 차이를 만들어내는지 삶으로 증명해 준 노부부에게 깊은 감사를 느낀다.

에머슨 에거리치(Emerson Eggerichs) 박사의 저서 『그 여자가 간절히 바라는 사랑, 그 남자가 진심으로 원하는 존경(Love & Respect)』은 오랜 기간 필자의 주요한 탐구 주제이자 세미나의 핵심 철학이었다. 에거리치 박사는 여성에게는 사랑이, 남성에게는 존중이 본질적으로 필요하다고 역설한다. 또 상호 간의 사랑과 존중이 관계의 궁극적인 지향점임을 구체적으로 제시한다.

진실로 모든 인간은 사랑과 존중을 갈망한다. 내가 사랑과 동시에 존중을 바라는 것은 성별의 차이가 아니라 인간이라는 고귀한 존재적 가치에 기인한다. 이는 남녀노소를 불문하고 자녀, 부모, 교사, 친구 등 모든 관계망 속에서 동일하게 적용되는 보편적 욕구다. 평범해 보이지만 결코 실천하기 쉽지 않은 '사랑과 존중'의 원리를 바탕으로, 치열한 갈등 상황 속에서도 서로를 포용할 수 있는 구체적인 갈등 해결의 기술을 본격적으로 살펴볼 차례다.

갈등 해결의 기술이 기존의 소통 체계와 맺는 상관관계는 앞선 도표를 통해 명확히 이해할 수 있다. 이 기술은 그동안 다룬 네 가지 핵심 요소, 즉 이해의 기술, 표현의 기술, 토의의 기술, 코칭의 기술이 모두 통합된 바탕 위에 세워지는 최상위 단계다. 대화의 기술이 미숙한 상태에서 문제 해결을 위한 토의를 시도하면 필연적으로 이해와 표현의 한계에 부딪히면서 상호 코칭이 요구된다. 그런데 코칭 과정에서 감정이 격화

되어 정상적인 대화가 단절될 위기에 처했을 때 비로소 갈등 해결의 기술이 개입한다.

이 기술을 온전히 숙지한다면 극도의 분노 속에서도 상대를 향한 존중을 잃지 않을 것이며, 의견 대립을 두려워하지 않고 안전하게 대화를 이어갈 수 있게 된다. 어느 일방의 제어나 조종 없이 상호 신뢰와 만족을 이끌어 내는 생산적 소통이 가능해지는 것이다. 이제 상대의 감정적 반응이 두려워 외면했던 깊은 내면의 이야기까지 온전히 나눌 수 있도록 이끌어 주는 갈등 해결의 기술의 진수를 지금부터 확인해 볼 차례다.

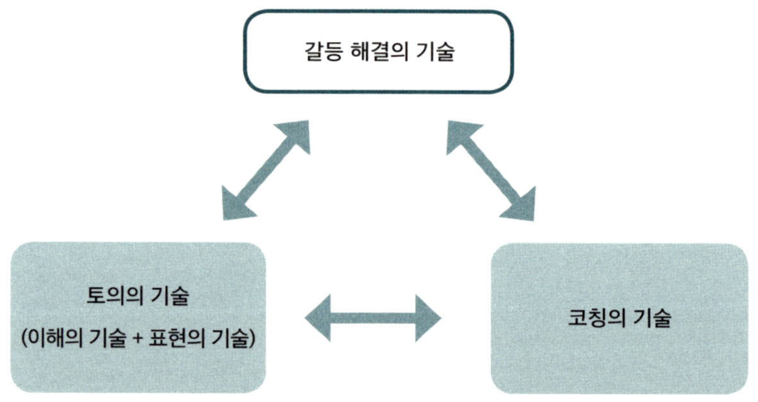

갈등 해결의 기술은 독립적인 개념이 아니라 기존에 습득한 이해, 표현, 토의, 코칭의 기술이 유기적으로 결합하여 완성되는 최상위 역량이다. 각 기술의 연관성과 갈등 해결의 메커니즘을 분석하면 다음과 같다.

갈등 해결은 단순히 문제를 논의하는 단계를 넘어 대화의 모든 요소가 집약되는 과정이다.

- 기초 단계: 갈등의 핵심 원인을 파악하기 위해 구체적인 '토의'를 시도
한다.
- 심화 단계: 대화 과정에서 표현이나 이해의 한계가 드러날 때 실시간
'코칭'을 통해 소통의 격차를 메운다.
- 통합 단계: 감정이 격해져 대화가 중단될 위기에 처했을 때 비로소 '갈
등 해결의 기술'이 전면에 등장하여 대화의 흐름을 유지한다.

이 기술의 진정한 가치는 감정적 대립 상황에서도 상호 존중의 태도
를 견지하게 만드는 데 있다.

- 심리적 안정감 확보: 갈등 해결의 기술을 내재화하면 의견 불일치나 감
정적 충돌에 대한 막연한 두려움이 사라진다.
- 상호 호혜적 소통: 어느 한쪽이 상대방을 통제하거나 조종하려 하지 않
고, 상호 신뢰와 만족을 바탕으로 한 대등한 관계를 형성한다.
- 완전한 자기표현: 상대의 분노를 우려해 억눌러 왔던 내면의 목소리를
끝까지 전달할 수 있도록 돕는 것이 이 기술의 궁극적인 목적이다.

갈등 해결의 기술은 단순히 문제를 제거하는 도구가 아니라 관계의
깊이를 더하고 대화의 진정성을 확보하는 핵심 동력이다. 이러한 기대

감을 바탕으로 체계적인 학습을 이어간다면 성숙한 소통의 단계로 나아갈 수 있을 것이다.

갈등 해결의 기술은 언제 필요할까?

1. 갑자기 갈등이 생겼을 때
2. 두 사람 중 하나가 굉장히 화가 났을 때
3. 두 사람 모두 화가 나서 대화의 기술을 더 이상 사용할 수 없을 때
4. 두 사람 중 하나가 과거 폭력을 당한 경험이 있을 때
5. 두 사람 중 하나가 과거 감정 조절에 실패한 경험이 있을 때
6. 열불이 날 때마다

갈등은 관계의 붕괴를 의미하는 신호가 아니라 모든 인간관계에서 발생하는 필연적인 현상이다. 따라서 갈등 해결의 기술은 특정 소수에게만 필요한 선택적 도구가 아니라 우리 모두가 갖추어야 할 필수적인 생존 역량이다. 실제로 행복한 부부 관계를 유지하는 이들의 공통점은 뛰어난 대화 기법과 갈등 관리 능력을 보유하고 있다는 점이다.

부부 관계의 만족도를 측정하는 '프리페어-인리치(Prepare-Enrich)' 모델에서는 대화와 갈등 해결의 기술을 가장 핵심적인 지표로 설정하고 있다. 세계적인 관계 전문가 존 고트맨(John M. Gottman) 박사 역시 40여 년간의 연구를 통해 단 15분간의 대화 패턴만으로도 관계의 지속 여부를 90퍼센트 이상의 정확도로 예측할 수 있음을 입증했다. 결국 관계의

성패는 갈등의 유무가 아니라 그 갈등을 다루는 방식에 달려 있다는 것이다.

갈등을 해결하려는 시도가 오히려 깊은 상처를 남기는 언쟁으로 번지는 이유는 전문적인 대화 기술과 감정 조절 능력이 부재하기 때문이다. 필자는 지난 25년간 수많은 상담 사례를 통해 분노 조절과 갈등 해결의 기술을 학습하는 것만으로도 관계가 비약적으로 호전되는 것을 확인했다. 이는 갈등을 방치하지 않고 능동적으로 해결하려는 선택과 노력이 관계의 품격을 결정한다는 의미다.

예기치 못한 갈등의 순간에도 상대에 대한 존중과 신뢰를 유지하기 위해 우리는 'TRUST'라는 전략적 키워드를 상기해야 한다. 그 첫 단계인 'T'는 타임아웃(Time-out)을 의미한다. 이는 감정이 이성을 압도하는 순간 잠시 멈춤을 통해 파괴적 충돌을 방지하고 생산적 대화를 위한 심리적 공간을 확보하는 결단이다.

T, 타임아웃하라

대화 중 감정 격앙으로 인해 이성적인 소통이 불가능하다고 판단되면 즉각적으로 대화를 중단하는 것이 타임아웃(Time out)이다. 이는 코칭의 기술에서 '중지 신호'와 유사하며, 사전에 합의된 특정 신호나 문구를 통해 발동한다. 타임아웃 요청을 받은 상대는 본인의 감정 상태와 관계없이 이를 즉각 수락하는 것을 원칙으로 한다. 요청 시에는 감정 정리에 필요한 예상 시간과 재개 시점을 구체적으로 제안하여 상대방의 동의를 구하는 과정이 필수적이다.

분노는 기대치의 불일치나 무시, 불공평함에서 기인하는 복합적인 긴장 상태다. 곧 단순히 심리적인 현상에 그치지 않고 인간의 전반적인 시스템에 다음과 같은 부정적 변화를 초래한다.

- 인지적 긴장: 사고와 판단을 주관하는 뇌 기능이 저하되어 객관적인 상황 파악이 불가능해진다. 이 과정에서 복수심이나 관계 단절과 같은 극단적인 사고가 지배적으로 나타난다.
- 생리적 긴장: 교감 신경계의 과도한 활성화로 인해 아드레날린과 코르티졸이 분출된다. 이는 혈압 상승, 심박수 증가, 근육 경직 등을 유발하며, 장기화될 경우 신체에 심각한 독성 타격을 입힌다.

분노한 상태에서 가능하면 빨리 벗어나라

신체적 보호를 위해 분노 상태를 12시간 이상 지속하지 않는 것이 중요하다. 성경(에베소서 4장 26절)에서도 "분을 내어도 죄를 짓지 말며 해가 지도록 분을 품지 말고"라고 권고한다. 이는 극단적 행동으로 인한 파국을 막고 신체적 건강을 유지하기 위한 실질적인 지침이다. 분노를 신속히 해소하는 것은 개인의 안녕을 지키는 가장 효율적인 관리법이다.

감정을 뜻하는 'emotion'의 어원 '*emovere*'는 '내면의 움직임(movere)이 밖으로(ex-) 표출되는 것'이다. 즉 인간의 행동이 현재의 감정 상태에 기인함을 의미한다. 부정적인 감정은 필연적으로 파괴적인 행동을 불러일으키기 때문에 올바른 행동을 견인하기 위해서는 근본 원인인 감정을 먼저 다스려야 한다. 결국 분노를 조절하는 것은 잘못된 행동의 고리를 끊는 핵심적인 기제다.

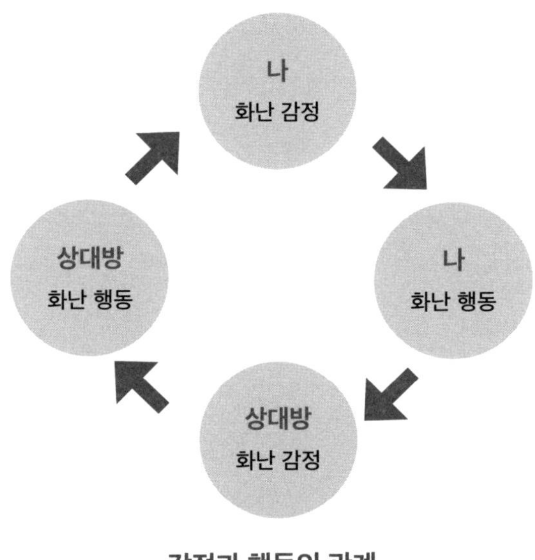

감정과 행동의 관계

위의 도표에서 보는 것처럼 분노는 개인의 내부에서 시작되어 외부로 투사되는 파괴적인 에너지를 갖고 있다. 주관적인 분노가 객관적인 행동으로 발현되는 순간 상대방의 감정을 자극해 동일한 기제의 분노를 유발한다. 이 과정에서 발생하는 격앙된 언행의 상호작용은 결국 관계의 근간을 해치는 악순환의 고리를 형성하게 된다. 따라서 갈등을 원만하게 중재하고 관계의 파국을 막기 위한 최우선 과제는 자신의 감정을 다스리는 조절 능력을 확보하는 것이다.

이완 기술을 사용하여 근육의 긴장을 풀라

분노 조절 기술은 비정상적으로 고조된 감정과 사고를 평온한 상태로 되돌리고, 과열된 교감신경계와 근육의 긴장을 완화하는 고도의 심리 전략이다. 인간의 정신과 신체는 밀접하게 연결된 유기체이기에 정서적 이완은 곧 신체적 안정으로 이어지며, 그 역 또한 성립한다. 즉 복식호흡을 통해 교감신경을 안정시키고 근육의 긴장을 해소하는 이완 기술(relaxation skill)은 경직된 사고와 감정을 정화하는 실질적인 해결책이 된다.

생리심리학자 에드먼드 제이콥슨(Edmund Jacobson) 박사는 신체적 이완이 심리적 불안을 해소한다는 원리에 기초해 '점진적 근육 이완법'을 체계화했다. 주요 부위의 근육을 의도적으로 수축시킨 후 이완하는 과정을 반복함으로써 심리적 긴장을 자율적으로 통제할 수 있다는 이론인데, 이미 수많은 실험을 통해 그 유효성이 입증되었다. 마찬가지로 근육의 이완이 마음의 이완으로 직결됨을 강조했던 맥스웰 몰츠(Maxwell

Maltz) 박사가 개발한 근육 이완 훈련은 긴장 상태를 민감하게 인지하고 이를 능동적으로 해소하는 데 목적이 있다.

근육 이완 훈련의 핵심 원칙은 특정 부위의 근육을 5~7초간 강하게 수축시킨 후 수축 시간의 두 배 이상 충분히 이완하는 것이다. 훈련은 통상적으로 손에서 시작해 팔, 어깨, 다리, 복부, 가슴을 거쳐 안면 근육에 이르기까지 점진적으로 진행한다. 최근에는 영상 매체를 비롯한 다양한 경로로 숙련된 가이드를 접할 수 있어서 접근성 또한 높다. 근육 이완 훈련은 QR 코드를 스마트폰으로 스캔하면 국립정신건강센터의 영상을 통해 배울 수 있다.

결론적으로 체계적인 이완 훈련을 통해 신체와 정서의 긴장을 해소하는 것은 이성적인 판단력을 회복하기 위한 필수 전제 조건이다. 이러한 자기 통제 과정이 선행되지 않는다면 인간은 찰나의 분풀이로 인해 돌이킬 수 없는 언행 실수를 범하게 될 가능성이 농후하다.

R, 갈등의 파고 속에서도 상대방을 존중하라

관계의 균열이 발생하는 결정적인 순간에도 상대에 대한 '존중(Respect)'을 유지하는 것은 성숙한 소통의 핵심이다. 이는 단순한 예의를 넘어 관계의 생존을 결정짓는 전략적 선택이다.

감정의 격랑 속에서도 상호 존중의 태도를 견지하라

격앙된 감정 상태에서 타인을 존중하기란 결코 쉬운 일이 아니다. 그러나 존 고트맨 박사는 그의 연구인 '사랑의 실험실(Love Lab, 현 Gottman Love Lab)'을 통해 관계 파탄의 결정적 원인을 비난, 경멸, 자기방어, 담쌓기라는 네 가지 부정적 대화 패턴에서 찾았다.

서로를 향한 비난은 필연적으로 자기합리화와 변명을 불러일으키며, 이는 곧 상대방에 대한 경멸로 이어진다. 고트맨 박사가 제시한 '결혼 생활의 종말을 가져오는 네 가지 징조'는 모두 존중의 원칙을 위배하는 행위들이다. 따라서 갈등 해결의 핵심은 이러한 파괴적 행동을 즉각 중단하고 존중의 가치를 대화의 중심에 두는 것이다.

고착화된 갈등 패턴을 직시하고 혁신하라

관계의 위기는 대개 반복되는 갈등 구조 속에서 심화된다. 고트맨 박사는 대화의 양상만으로도 이혼 가능성을 90퍼센트 이상의 확률로 예측했다. 이는 갈등을 겪는 주체들이 매번 유사한 부정적 메커니즘을 답습하기 때문이다.

이러한 갈등 패턴(conflict patterns)은 대개 유년 시절 부모나 주요 타자(他者)와의 관계 속에서 무의식적으로 학습된 결과물이다. 침묵으로 일관하거나, 상황을 회피하거나, 폭발적인 비난을 쏟아내는 등의 행위는 과거의 관성에서 비롯된 미성숙한 대처 방식이다.

- 성찰: 현재 자신이 어떤 유형으로 갈등에 대응하고 있는지 객관적으로 분석해야 한다.
- 변화: 과거의 부정적 유산을 과감히 단절하고 건강한 해결 기술을 습득하는 과정이 필요하다.
- 회복: 패턴의 변화는 손상된 관계를 복구하고 정서적 밀도를 높이는 유일한 경로다.

"결국 소통의 품격이 관계의 운명을 결정짓는 척도다."

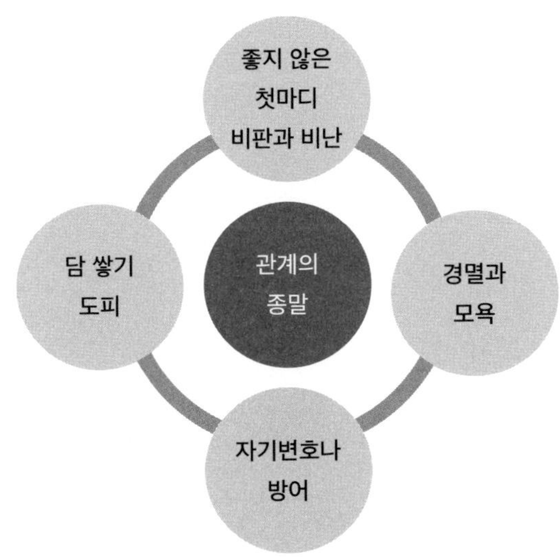

존 고트맨이 제시한 '결혼 생활의 종말을 가져오는 네 가지 징조'

갈등 해소 계획을 수립하라

가족 간의 관계 개선을 위해서는 막연한 화해보다 구체적인 '갈등 해소 계획(conflict action plan)'을 수립하고, 이를 실천하는 전략적 접근이 필요하다.

갈등 해소 계획의 출발점은 과거 부부나 부모-자녀 사이에 발생했던 갈등 유형을 면밀히 분석하는 것이다. 그리고 반복되는 갈등의 고리를 끊기 위해 즉각 중단해야 할 행동 리스트를 구체화해야 한다. 여기에는 고성방가, 감정을 자극하는 비하 발언, 신체적·언어적 폭력 등 관계를 해치는 모든 부정적 행위가 포함된다.

단순히 감정을 억제하는 것에 그치지 않고 분노가 치밀어 오를 때 자신과 상대방이 각각 수행해야 할 역할을 사전에 논의해야 한다. 특히 심리적·신체적 위협을 느끼는 비상 상황에서 서로가 지켜야 할 대응 수칙을 구체적인 행동 지침으로 명문화하는 과정이 필수적이다.

일반적으로 가족 간의 논의 내용을 기록하는 문화는 생소하게 느껴질 수 있다. 그러나 구두로만 합의된 사항은 휘발성이 강해 실천으로 이어질 확률이 현저히 낮다. 토의한 내용과 수립된 행동 계획을 문서화하는 과정은 상호 간의 약속에 무게를 더하며, 실행의 실효성을 담보하는 핵심적인 장치가 된다.

관계 향상은 체계적인 기록과 실천에서 비롯된다. 따라서 '부록 3'의 '갈등 해소 계획안' 양식을 적극 활용해 가족 구성원 간의 약속을 공식

화해야 한다. 이를 통해 갈등을 건설적으로 관리하고 건강한 가족 역동성을 구축하는 것이 최종 지향점이다.

💬 U, 이해 기술을 사용하라

격앙된 상대를 대면할 때 가장 먼저 선행되어야 할 원칙은 '경청과 수용'이다. 상대의 분노가 임계점을 지나 평온을 찾을 때까지 인내하며 경청하는 과정은 결코 쉬운 게 아니다. 그러나 화난 사람을 향한 진정성 있는 이해(Understand)의 태도는 그 자체만으로도 감정의 파고를 낮추는 강력한 기제가 된다.

관계 전문가 게리 채프먼 박사는 그의 저서에서 분노한 상대와 대면하는 최우선 방책으로 '반복적인 경청'을 제안한다. 분노가 지배하는 상황에서는 이성적인 소통이 불가능하기 때문이다. 논리적으로 시시비비를 가리거나 자기 입장을 소명하려는 시도를 멈추고, 상대의 내면을 이해하기 위해 오로지 듣기에 집중하는 것이 본질적인 해법이다.

상대의 언어를 경청하고 이해한 바를 피드백하는 과정에서 격렬했던 분노는 점차 소강상태에 접어들게 될 것이다. 이어 정서적 평정이 회복되고 대화의 톤이 안정을 찾은 시점이 와야 비로소 대화의 적기다. 갈등의 원인을 규명하고 자신의 견해를 전달하는 부수적인 정보 공유는 반드시 상대의 화가 누그러진 이후에 이루어져야 한다.

💬 S, 대화의 기술을 사용하여 대화하라

서로 감정이 진정되고 대화를 재개할 준비가 되었다면 이미 배운 대화의 기술(skills)을 적용해 문제의 핵심에 접근해야 한다. 이는 단순한 소통을 넘어 관계의 질을 개선하는 전략적 단계다.

먼저는 객관적인 사실을 바탕으로 의견을 교환하면서 문제의 본질을 파악하는 과정이다. 주관적인 비난을 배제하고 공동의 목표를 설정하는 것이 핵심이다.

- 사실 중심의 서술: 감정이 아닌 발생한 사건과 상황을 객관적으로 서술하는 방식이다.
- 경청과 피드백: 상대의 논리를 끝까지 확인하고 이해한 내용을 요약하여 공유하는 절차다.
- 대안 모색: 단일안이 아닌, 다각도의 해결책을 테이블 위에 올려놓고 검토하는 태도다.

둘째, 일방적인 지시가 아니라 질문과 격려를 통해 상대방의 변화와 참여를 이끌어 내는 기술이다.

- 개방형 질문: 상대방이 스스로 해결책을 생각할 수 있도록 유도하는 질문 기법이다.

- 지지적 피드백: 상대의 긍정적인 의도나 태도를 인정하여 대화의 동기를
  부여하는 행동이다.
- 실행 동의: 대화의 결과물로 도출된 해결안을 구체적인 행동 지침으로
  확정하는 단계다.

마지막으로 대화 과정에서 의견 불일치가 발생하더라도 감정적 충돌로 번지지 않도록 관리하는 것이 중요하다.

- 상호 코칭 시스템: 대화의 흐름이 격양될 경우 서로가 신호를 주어 대화의 속도와 톤을 조절하는 규칙이다.
- 정지 및 재점검: 갈등의 전조가 보일 때 잠시 대화를 멈추고 각자의 필요를 다시 확인하는 유연함이다.
- 지속적인 조율: 일회성 대화로 끝내지 말고, 합의된 사항이 잘 이행되는지 주기적으로 점검하면서 소통을 이어가는 방식이다.

T, 문제 해결을 위해 함께 이야기하라

갈등의 해소는 일시적인 감정의 소강상태를 의미하지 않는다. 타임아웃 이후 당면한 문제를 회피하지 않고 다시 함께 대화(Talk Together)의 테이블로 가져오겠다는 약속을 이행하는 것이 관계 회복의 본질이다.

많은 부부가 재충돌에 대한 두려움으로 갈등의 원인을 방치하곤 하지만, 침묵으로 일관하는 것은 불만과 불평의 부피를 키우는 방관에 불과하다.

체계적인 대화의 기술을 습득한 사람에게 갈등은 더 이상 공포의 대상이 아니다. 세련된 소통 도구를 통해 양측 모두가 만족할 수 있는 지점을 찾아낼 수 있다는 확신이 있기 때문이다. 설령 감정이 고조된 순간이라 할지라도 서로를 존중하는 태도를 견지한다면 각자의 필요를 충족시키는 합리적인 대안을 도출하는 것이 가능하다. 이는 의견의 불일치를 두려워하지 않고 문제가 해결될 때까지 대화를 지속할 수 있는 회복탄력성의 근간이 된다.

갈등 해결의 기술은 관계 내부에 잠재된 긴장감을 해소하고, 그 빈자리를 신뢰와 애정으로 채우는 고도의 전략적 도구다. 과거의 비효율적인 갈등 패턴이 소모적인 논쟁으로 번질 수밖에 없었다는 걸 인지하는 순간, 변화는 시작된다. 부정적인 감정의 구름을 걷어낸 자리에 관계의 지향점을 설정하는 일은 마치 폭풍우 뒤의 무지개를 마주하는 과정과 같다.

결국 갈등이 불가피한 현대사회에서 대화와 해결의 기술은 단순한 선택이 아닌, 삶의 품격을 결정짓는 필수 역량이다.

갈등 해결의 기술 포인트

1. T(Time out), 타임아웃하라.
2. R(Respect), 갈등 중에도 상대방을 존중하라.
3. U(Understand), 이해의 기술을 사용하라.
4. S(Skills), 대화의 기술을 사용하라.
5. T(Talk Together), 문제 해결을 위해 함께 이야기하라.

관계 향상시키기

1. 그동안 부부 사이나 부모와 자녀 간에 자주 보였던 갈등 패턴 중 멈추고 싶은 행동들을 설명해 보세요. 두 사람 사이의 갈등이 어떻게 고조되어가는지 생각해 보세요. 주로 싸움을 시작하는 사람은 누구이며, 어떤 방법으로 화를 자극하는지를 써 보세요. 상대방이 화를 내면 거기에 대해 자신은 어떻게 대응하는지 써 보세요. 그리고 먼저 사과하는 쪽이 누구인지, 어떻게 해서 갈등이 끝나는지 비디오를 보는 것처럼 가능한 한 자세하게, 그리고 단계별로 설명해 보세요. 그 과정을 종이에 그림이나 도형으로 그려 보세요('부록 2' 참조).

2. 부정적인 갈등 패턴을 변화시키기 위해 당신이 사용할 전략과 방법들을 상대방과 이야기한 후 '갈등 해소 계획안'에 적고 이를 실천해 보세요('부록 3' 참조).

3. 지금까지 살아오면서 터득한 '화가 풀리는 방법'들 중 관계를 파괴하는 부
   정적인 방법이 아니라 건설적인 방법들을 적은 후 배우자나 가족과 함께
   이야기하고 실천해 보세요('부록 4' 참조).

갈등 해소 계획안

T(Time Out), **타임아웃하기**
 · 우리의 타임아웃 사인은 무엇인가요?
 · 타임아웃 시간은 어느 정도로 할까요?
 · 화를 진정하기 위해 내가 할 일
 · 화를 진정하기 위해 상대방이 할 일
 · 두 사람 중 한 사람의 감정이 치솟아 오르거나 신체적인 위험을 느낄 때 무
   엇을 할 수 있을까요?

R(Respect), **화날 때도 존중하기**
 · 존중 전략들(코칭의 기술에서 생각했던 것들 중 존중을 위해 할 일 적기)

U(Understanding), **이해하기**
 · 이해하기가 힘들 때는 어떻게 할까요?

S(Skills), **기술 사용하기**
 · 갈등이 생길 때 대화의 기술 사용을 상기시켜 주는 방법은 무엇일까요?

T(Talk Together), **함께 이야기하기**

6장

나의 성숙과 안녕을 위한 **용서의 기술**

현명한 사람이라면 용서를 서두를 것이다. 시간의 가치를 아는 사람으로서 불
필요한 고통으로 그 시간을 괴롭게 보내고 싶지는 않을 테니까.

- 새뮤얼 존슨(Samuel Johnson)

내 삶을 잘 살아내는 것이야말로 상처에 대한 가장 멋진 복수임을 잊지 말자.
아픈 감정에 골몰함으로써 내게 상처 입힌 사람만 점점 막강하게 만드는 대
신, 내 주변에 존재하는 사랑과 아름다움, 친절에 눈 돌릴 일이다.

- 프레드 러스킨(Fred Luskin)

상담실이라는 집약된 공간에서 마주하는 내담자들의 인생사에는 저
마다의 깊고 어두운 골짜기가 존재한다. 그들 중 상당수는 자신에게 지

울 수 없는 상처를 남긴 가해자나, 인생의 궤도를 송두리째 뒤바꾼 비극적인 사건들을 심장 깊은 곳에 봉인한 채 고통의 유예 상태로 살아가는 사람들이다. 상처의 양상은 실로 방대하고 다채롭다. 유년 시절 부모로부터 거부당한 기억, 형제자매 사이의 결핍과 경쟁, 배우자의 배신, 혹은 사회적 관계 속에서 마주한 스승이나 상사의 압박 등 그 기원은 우리 삶의 모든 접점에 닿아 있다. 만약 이들이 생의 갈피마다 새겨진 상처를 한 권의 기록물로 엮어낸다면 그 서사는 세상 어떤 비극보다 두껍고 치밀한 문장이 될 것이다.

얼마 전 극심한 불안 장애와 통제할 수 없는 분노의 폭발로 일상이 마비된 40대 초반의 여성이 상담실 문을 두드렸다. 그녀에게는 성실한 남편과 장성한 두 자녀가 있었지만, 마약 문제로 휴학 중인 아들은 그녀에게 있어 가장 아픈 손가락이었다. 최근 그녀는 사소한 일에도 가족들에게 격렬한 분노를 쏟아냈고, 그 강도는 날이 갈수록 파괴적으로 변해갔다. 자녀들이 잘못될지도 모른다는 강박적인 조바심과 끝없는 염려는 그녀의 밤을 앗아갔으며, 만성적인 불면과 불안은 그녀의 영혼을 잠식하고 있었다. 현재의 증상을 세심하게 경청한 후 우리는 13주간 동안 긴 심리적 여정을 시작했다.

그녀의 비극은 다섯 살 무렵 부모님의 격렬한 불화 끝에 어머니가 짐을 싸 들고 집을 떠나면서 시작되었다. 작별의 말 한마디 없이 남겨진 남매는 하루아침에 유기된 고아가 되었다. 어린 소녀는 매일 대문 밖을 서성이며 동네 어귀에서 누군가 나타날 때마다 어머니가 돌아오는 환영을 꿈꾸곤 했다. 그러나 어머니는 끝내 돌아오지 않았다. 밤이 되면 들킬까 봐 숨죽여 울다 지쳐 잠이 들었다. 잠들지 못하는 밤에는 부모님이 싸운 이유가 자신의 불효나 동생과의 다툼 때문일지도 모른다는 가혹한 자책에 빠지기도 했다. "엄마, 이제 말 잘 들을게요. 동생이랑 안 싸울게요"라고 허공에 던졌던 무력한 약속들은 결국 깊은 원망과 야속함으로 변질되었다. 상담 2회기 동안 그녀는 40년 전의 기억을 복기하면서 상담실이 떠나갈 듯 통곡했다. 그 순간에는 40대 여성이 아닌, 공포에 질린 다섯 살 어린아이 그 자체였다.

이후의 삶 또한 상처의 연속이었다. 아버지는 생계를 핑계로 남매를 방치했고, 할머니의 권유로 맞이한 새어머니는 그녀의 세계를 더욱 차갑게 얼어붙도록 만들었다. 처음엔 친절한 것 같았던 새어머니는 금세 가혹한 훈육과 학대를 가했다. 사소한 실수에도 쏟아지는 폭언과 철사 옷걸이를 이용한 물리적 폭력은 그녀의 몸과 마음에 지울 수 없는 흉터를 남겼다. 무엇보다 고통스러웠던 것은 그 모든 과정을 묵인하며 방관했던 아버지의 침묵이었다. 자신을 보호해 주지 않는 아버지에 대한 증오는 새어머니를 향한 살의만큼이나 뜨거웠다. 일곱 살 무렵 쫓겨나듯 할머니 댁으로 보내졌을 때도 이후 아버지를 따라 건너간 뉴욕의 낯선 세탁소에서도 학대와 소외는 멈추지 않았다. 동생에게만 관대했던 새어머니의 이중성은 그녀에게 비교할 수 없는 박탈감을 안겨 주었다. 그녀는 복수심과 자살 충동 사이를 위태롭게 오가며 청춘을 보내야만 했다.

성인이 되어 가정을 꾸리고 경제적 안정을 찾았음에도 불구하고, 과거의 유령은 그녀의 현재를 끊임없이 위협했다. 자기 뜻대로 움직이지 않는 자녀들을 향해 매를 휘두를 때마다 그녀는 과거의 새어머니를 닮아가는 자신을 발견하면서 자괴감에 빠졌다. 6회기에 걸친 탐색 과정을 통해 그녀는 친모에 대한 배신감, 부친에 대한 분노, 새어머니에 대한 증오가 얽힌 지옥 같은 내면을 낱낱이 드러냈다.

나는 그녀의 사연을 들으며 내담자의 깊은 슬픔을 공유했고, 견고하게 형성된 신뢰 관계를 바탕으로 치유의 핵심 기제인 '용서'를 제안했다. 현재의 불안과 분노를 근본적으로 해결하기 위해서는 과거와의 단절이 아닌, 과거에 대한 재해석과 용서의 작업이 선행되어야 한다고 권유했다. 그녀는 고통스러운 직면을 수용하면서도 변화를 향한 의지를 보였다. 이에 따라 7회기부터는 임상심리학자 에버렛 워딩턴(Everett Worthington) 박사가 고안한 'REACH' 모델을 도입해 체계적인 용서 프로세스를 진행했다. 이는 단순한 감정적 정화를 넘어 호흡법과 명상을 병행하면서 상처를 객관화하고, 가해자를 인간적으로 이해함으로써 내면의 평화를 되찾는 고도의 심리적 훈련이다.

1. (Recall the hurt) 상처를 다시 기억해낸다.
2. (Empathize) 상처 입힌 사람을 이해하고자 그 사람의 입장이 되어본다.
3. (Altruistic) 상처 입힌 사람에게 이타적 선물을 준다.
4. (Commit) 용서하기 위해 결심하고 노력한다.
5. (Hold on) 용서의 결심과 노력을 번복하지 않고 끝까지 유지한다.

🗨 용서의 메커니즘: 고통의 직면에서 과학적 치유까지

상처를 치유하는 첫 번째 단계는 '상처의 기억'을 복기하는 일이며, 이는 가장 고통스럽고 긴 시간을 요한다. 내담자는 친모와 새엄마, 아버지와 할머니를 용서하기 위해 과거의 유기 현장과 대면하면서 처절한 감정적 홍역을 치렀다. 다섯 살 아이의 목소리로 통곡하고 짐승 같은 비명을 내지르는 과정은 신체적 몸살로 이어질 만큼 격렬한 에너지를 소모했다.

그러나 이 파괴적인 분출은 역설적으로 치유를 위한 필수 전제이기도 하다. 먹구름이 걷힌 뒤 햇살이 비치듯 부정적 감정이 정화된 자리에는 다음 단계로 나아갈 정서적 동력이 형성되기 때문이다.

두 번째 단계는 가해자의 입장을 재해석하는 과정이다. 내담자는 질문을 통해 그들의 유기나 방임, 폭력 뒤에 숨겨진 배경을 탐색했다. 분노가 발산된 빈자리에는 예상치 못한 발견이 뒤따랐다. 그들이 베풀었던 사소한 사랑의 기억을 길어 올리며 마음의 응어리를 풀기 시작한 것이다.

마지막 세 번째 단계는 '이타적 선물'로서의 용서다. 내담자는 자신이 타인과 신(神)으로부터 용서받았을 때 느꼈던 해방감을 상기하며, 자신에게 상처 준 이들에게도 동일한 용서의 선물을 건네기로 결심했다. 이는 감정의 기복을 수반하는 장기적인 여정이지만, 13주간의 상담을 통해 내담자의 안색과 목소리, 수면의 질은 확연히 개선되었다. '마음의 편안함'이라는 실질적인 변화가 시작된 것이다.

📑 용서의 과학: '용서학'이 증명한 의학적 효능

스탠퍼드대학교의 프레드 러스킨(Fred Luskin) 박사는 용서를 심리학의 영역에서 과학과 의학의 차원으로 격상시켰다. '스탠퍼드 용서 프로젝트(Stanford University Forgiveness Project)'의 임상 연구에 따르면 용서하지 못하는 상태는 스트레스 호르몬을 방출해 혈관을 좁히고 혈압을 높이며 신체 건강을 심각하게 훼손한다.

반면에 용서는 부정적 정서를 완화하고 낙관성과 희망을 증진시켜 신체적 회복을 돕는다. 로렌 투세인트(Loren Toussaint) 박사 역시 자살 충동이나 우울증, 근육통 환자들이 용서를 통해 상태가 호전되었음을 입증했다. 이제 용서는 단순한 도덕적 미덕이 아니라 현대 의학이 권장하는 강력한 '치료 기술'로 인정받았다.

용서는 타고난 성품이 아니라 학습하고 훈련할 수 있는 '기술'이다. 이는 자신을 파괴하는 과거의 사슬에서 벗어나 자기 성숙과 대인 관계의 향상을 도모하는 핵심 역량이다. 러스킨 박사가 제시하는 '용서의 9가지 핵심'은 우리가 누구를 위해, 왜 용서해야 하는지를 명확히 제시하며, 실용적인 치유의 길로 안내한다.

1. 감정의 객관화와 공유

자신의 내밀한 감정을 정확히 인지하고 상황의 모순을 냉철하게 분석하는 것이 치유의 첫걸음이다. 주관적 고통을 객관적 사실로 분리해낼 수 있을 때 비로소 신뢰할 수 있는 조력자에게 자신의 서사를 공유할 준비가 된 것이다.

2. 주체적 결단으로서의 용서

용서는 타인을 향한 관용이 아니라 오직 나 자신의 회복을 위한 이기적이고도 숭고한 결단이다. 이 과정은 타인의 승인이나 인지가 필요치 않은 철저히 개인적인 선언이며, 스스로를 돌보겠다는 의지의 표명이다.

3. 용서의 본질적 정의

용서와 화해를 혼동하지 않는 것이 중요하다. 가해자의 행위를 정당화하지 않으면서도 그 사건이 현재의 나를 지배하지 못하도록 원망을 평온으로 치환하는 것, 그것이 용서의 진정한 의미다.

4. 고통의 근원 파악

과거의 사건 그 자체가 현재의 고통을 결정하지는 않는다. 지금 느껴지는 육체적 불편함과 상한 감정은 외부의 공격이 아닌 내면에 잔류한 에너지의 작용임을 직시해야 한다. 관점을 전환할 때 비로소 고통의 굴레에서 벗어날 수 있다.

5. '긍정적 정서 재초점 기술'의 활용

부정적 감정이 엄습할 때 '긍정적 정서 재초점 기술(Positive Emotional Refocusing Technique, PERT)'을 즉각 수행한다. 복식호흡을 통해 신체적 긴장을 이완하고 평온한 심상을 시각화함으로써 감정적 매몰 상태를 벗어나 문제 해결을 위한 이성적 사고를 회복한다.

6. 비현실적 기대의 폐기

타인과 세상이 내 각본대로 움직여 줄 것이라는 기대를 내려놓는다. 실현 불가능한 규칙에 매달리는 대신, 내가 통제할 수 없는 영역에 대한 집착을 버리고 건강한 희망과 노력을 투입할 수 있는 지점에 집중한다.

7. 에너지의 생산적 전용

상처를 복기하는 데 소모되던 에너지를 새로운 목표를 향한 동력으로 전환한다. 머릿속에서 반복되는 피해의 필름을 멈추고, 자신이 진정으로 원하는 가치를 획득하기 위한 전략적 대안을 모색하는 데 전력을 다한다.

8. 삶을 통한 최고의 증명

내 삶을 풍요롭고 가치 있게 일구어 나가는 것이야말로 과거의 상처에 대한 가장 우아하고 강력한 복수다. 가해자에게 영향력을 부여하는 대신, 내 주변의 사랑과 아름다움에 몰입하면서 삶의 주도권을 완전히 되찾는다.

9. 서사의 재구성

고통의 서사를 승리의 서사로 다시 쓴다. 원망과 넋두리로 점철된 피해자의 기록을 지우고, 용기 있는 선택을 통해 자신을 구원한 영웅의 활기찬 이야기로 인생의 페이지들을 채워 나간다.

용서의 역설: 나를 위한 필연적 선택

러스킨 박사가 제시한 용서의 아홉 가지 핵심을 상기하며, 성경 속 예수가 제시한 용서의 원칙도 함께 고찰할 필요가 있다. 마태복음 18장 21~22절은 베드로의 질문과 예수의 답변을 통해 용서의 본질을 명확히 정의한다. 베드로가 "형제가 내게 죄를 범하면 일곱 번까지 용서해야 하는지"를 묻자, 예수는 "일곱 번뿐 아니라 일곱 번씩 일흔 번까지라도 하라"고 답한다.

강연할 때면 필자는 이 구절을 인용해 참석자들에게 본질적인 질문을 던진다. 자신에게 깊은 상처를 준 인물을 과연 몇 번이나 용서할 수 있는지 묻는다. 초기 반응은 대개 회의적이다. 한 번이나 두어 번이라고 대답하던 이들은 이내 침묵에 빠지고, 누군가는 결연한 표정으로 일곱 번이 한계라고 토로한다. 성경이 제시하는 "일곱 번을 일흔 번", 즉 490번이라는 수치는 인간의 심리적 임계치를 넘어서는 불가능한 영역으로 보이기 때문이다.

이러한 저항감에 직면했을 때 필자는 용서의 과학적 메커니즘을 시각 자료와 함께 제시한다. 용서하지 않는 행위가 개인의 정신적·정서적 상태는 물론 신체적·영적 안녕에 어떠한 파괴적 영향을 미치는지에 대해 프레드 러스킨과 로렌 투세인트 박사의 연구 결과를 바탕으로 설명한다. 용서의 부재가 결국 그 자신의 삶을 갉아먹는다는 사실을 객관적 데이터로 설명하는 과정이다.

학술적 근거를 접한 참석자들의 인식은 드라마틱하게 변화한다. 다시 한번 같은 질문을 던졌을 때 장내에는 '무한한 용서'라는 확신에 찬 답변이 울려 퍼진다. 용서의 진정한 수혜자가 누구인지 깨달았기 때문이다.

용서는 결코 가해자를 위해 관용의 베푸는 것이 아니다. 그것은 온전히 '나 자신'을 위한 결정이다. 예수가 무한한 용서를 촉구한 이유는 우리가 내면의 평화와 건강한 삶을 온전히 영위하기를 바라기 때문이다. 그동안 용서가 억울하고 고통스러웠던 이유는 그것이 타인을 위한 희생으로 오해되었기 때문이다. 용서가 나를 치유하고 바로 세우는 강력한 자기 보호 기제임을 자각하는 순간, 용서해야 할 이유는 비로소 명확해진다.

매듭의 기술

갈등이라는 치열한 파도가 지나간 자리에 비로소 도착하는 것은 용서의 기술이다. 또 뜨거운 분노가 남긴 날카로운 흔적을 어루만지고 대화를 이어가는 일은 성숙한 영혼의 몫이다. 그래서 용서는 어지럽게 널브러진 마음의 조각을 정리하여 관계를 다시 세우는 단단한 도구가 된다. 그것은 단순히 잊는 것이 아니라, 상처 난 자리에 새살이 돋도록 돕는 치유의 매듭이다.

하지만 우리는 종종 자존심이라는 좁은 방에 갇혀 길을 잃는 서툰 아이가 되고 만다. 미안하다는 말 대신 침묵을 선택하거나 애매한 미소로 본질을 흐리며 도망치기에 급급하다. 진심이 거세된 사과와 무책임한 회피가 반복될수록 마음의 흉터는 덧나기 마련이다. 결국 마주하지 못한 진실은 서늘한 독이 되어 서로 사이의 골을 더욱 깊게 만드는 법이다.

용서 기술은 언제 필요할까?

1. 상대방이 나에게 잘못을 해서 내가 상처받았을 때
2. 갈등을 일으키는 사건으로 두 사람 모두 또는 어느 한 사람이
   부정적인 감정이나 분노를 가질 때
3. 나에게 상처 준 사람에 대해 불평과 원망이 생기고 관계가 불편해질 때
4. 나에게 상처 준 사람을 오랫동안 잊지 못하고 미움과 원한 때문에
   복수하고 싶은 생각이 자신을 괴롭힐 때
5. 나에게 상처 준 사람 때문에 내 삶이 파괴되었다는 생각으로 탓하기를
   일삼고 피해의식이 자신을 지배할 때

용서의 필요성을 인정하라

유년기의 묵은 상흔이든 일상의 잦은 마찰이 남긴 균열이든 그것이 자아의 정신적·신체적 지평과 대인 관계에 부정적 굴레를 씌우고 있다

면 온전한 삶의 복원을 위해 첫 단계로 용서의 필요성을 인정하는 것이 필요하다. 진정한 회복과 내면의 변화는 언제나 자신의 결핍과 필요를 수용하는 순간 발현되는 법이다. 어떠한 상황에 직면해 있든 내면에 불편한 감각이 싹트거나 행동의 오류가 발생한다면 지체 없이 용서를 결단하고 실행에 옮기는 것이 마땅한 일이다. 만일 그 상처가 발생하게 된 원인이 깊고 오랜 시간 고착화된 경우라면 전문 상담가의 개입이나 체계적인 치유 프로그램을 통해 근본적인 용서의 단계를 밟아나가는 것이 합리적인 선택이다. 따라서 본 장에서 주안점을 두는 것은, 부부나 가족 등 가장 밀접한 관계망에서 필요한 용서의 실천 방법이다.

💬 용서를 위한 안전한 환경을 만들라

상처의 원인 제공자와 직접 대면하여 겹겹이 쌓인 감정들을 하나하나씩 분리하는 것은 결코 순탄한 작업이 아님을 명심해야 한다. 특히 당사자들이나 어느 한 사람의 내면에 분노의 잔여물이 남아 있는 상태라면 이는 용서를 위한 기저 환경이 전혀 조성되지 않았다는 의미다. 그러므로 진정한 용서에 도달하기 위해서는 앞서 5장의 '갈등 해결의 기술'과 마찬가지로 치밀한 감정 통제와 분노 조절이 필수 불가결한 전제다. 내면의 통제와 더불어 상호 간의 대화가 이루어질 물리적 공간이 정서적 담론을 담아내기에 안전한 요새인지 검증하는 과정 또한 필수적이다. 예컨대 물리적 충돌의 징후가 감지되거나 신체적 위협이 예견되는 공간은 깊은 내면의 상처를 논의하기엔 결코 적당한 곳이 아니다. 나아가 심리적 무장 해제가 가능한 곳인지, 혹은 관계의 파국을 초래할 부정적 기류가 흐르지는 않는지 예민하게 살펴야 한다.

'관계망 내 안정감'이란 정교한 화법을 매개로 자아와 타자의 내재된 공격성을 투명하게 직면하고 언어화할 수 있을 때 비로소 얻을 수 있는 감정이다. 앞서 습득한 소통의 기술은 주체의 생각과 감각을 명징하게 드러내도록 돕는다. 동시에 타자가 인식하는 관점을 수용하고 공감하게 하는 강력한 제도적 안전망이 된다. 이처럼 소통의 기술이라는 견고한 장치 위에서 대화를 이어 나가게 될 때 자아를 감싸던 방어적 기제는 낙엽처럼 흩어지고 마침내 서로를 향한 유연하고 온화한 교감이 이루어지는 것이다.

📄 마음속에 있는 변호사를 쫓아내라

타인의 과오 앞에서 우리는 무의식적으로 누가 갈등의 단초를 제공했는지, 누구의 과실 비율이 더 큰지를 계산하며 내면의 법정을 세우는 경향이 짙다. 나아가 과실의 무게가 더 큰 자가 필연적으로 사죄의 책임을 져야 한다는 논리적 함정에 빠지고 만다. 이처럼 기계적 셈법에 갇힌 사람들에게 제안하고자 하는 결정적 패러다임은 바로 '10:90의 법칙'

이다. 이는 다수의 과실을 범한 자만이 사과해야 한다는 통념을 전복시키는 혁신적 사고의 틀이다. 이 법칙의 요체는 90퍼센트의 과오를 지닌 사람의 사죄가 마땅함과 동시에, 단 10퍼센트의 과실을 지닌 사람도 자기 몫에 해당하는 치명적 오류를 인정하고 용서를 구해야 한다는 원칙이다. 즉 상대방이 갈등의 방아쇠를 당겼고 과실 저울이 그를 향해 심하게 기울어 있다 해도 그에게만 책임을 전가하는 오만을 버리고 자신의 미세한 균열을 뼈아프게 성찰하자는 선언이다. 타인의 과오에 대한 나의 미숙한 반응이 상대의 내면에 상흔을 남겼다면, 그 즉시 자신의 오류를 시인하고 해당 영역에 대한 정중한 사과와 용서를 구하는 것이 성숙한 관계의 기본이다.

이러한 제안에 대해 개인적인 억울함을 호소하거나 비논리적이라면서 냉소적인 반문을 던지는 사람들도 분명 존재한다. 그럼에도 필자는 언제나 이 준엄한 법칙을 내면화하기 위해 치열한 사유의 과정을 거치는 중이다. 가령 자녀의 잘못된 언행 앞에서 순간의 통제력을 상실하고 분노를 폭발시키는 바람에 그들의 존엄성을 해치는 언어를 쏟아냈다고 가정해 보자.

자녀에게 잘못이 있다고 해서 이성을 잃은 부모의 험한 소리가 정당화되는 것은 결코 온당한 처사가 아니라는 게 핵심이다. 감정이 격동하는 가운데에서도 언어폭력을 행사하지 않고 침착하게 사안의 본질을 다루는 것이 진정한 내적 권위다. 나아가 분노를 빌미로 자녀의 자아 존중감을 무너뜨리는 맹독성 언어를 구사할 하등의 명분도 없다. 그런데

도 통제되지 않은 분노로 상대의 심장을 난도질했다면 이는 변명의 여지 없이 온전히 나의 잘못이다. 자녀의 잘못이 90퍼센트에 이른다 해도 내가 가한 10퍼센트의 치명적 폭력에 대해 깨끗하게 책임을 인정하고 용서를 구하는 것이 마땅하다. 즉 부모인 나의 격양된 태도와 존엄을 깎아내린 언어폭력을 깊이 사과하니 부디 용서해 달라고 겸허히 고개를 숙이는 것은 당연하다. 이렇듯 쌍방향의 사과와 상호 수용이 교차하는 지점을 '피차 용서'라고 하며, 이것이 '10:90의 법칙'의 핵심이다.

위와 같이 과거 진행했던 소통 세미나에서 용서의 기술을 배운 뒤 어느 참가자가 남긴 소회는 여전히 내 뇌리에 선명하게 각인되어 있다. 이 법칙은 잘못의 무게로 사과의 주체를 판가름하던 내면의 변호사를 완전히 쫓아내는 충격적인 선언이자, 향후 타인의 90퍼센트 오류 앞에서도 자아의 10퍼센트 결함을 예리하게 인식하고 지체 없이 사과의 뜻을 표하겠다는 선언이기도 하다. 참가자의 이 숭고한 고백에 청중은 감동의 탄성과 찬사의 박수로 화답했다. 이제 당신 역시 이처럼 극적인 인식의 전환을 이뤄낼 수 있을지 자신에게 반문해 볼 차례다.

'10:90의 법칙'은 자아를 변호하기 위해 쉴 새 없이 돌아가던 내면의 법정을 완벽히 폐쇄하는 강력한 기제다. 대부분 우리는 다른 사람의 잘못 앞에서는 냉혹한 재판관이 되면서도, 자신의 결함 앞에서는 한없이 관대한 변호사를 자처하면서 자기합리화의 늪에 빠지곤 한다. 이렇듯 방어기제에 매몰되어 흑백 논리만 집요하게 파고든다면 진정한 용서는 영원히 요원한 신기루에 불과할 뿐이다. 온전한 용서에 도달하기 위해서는 내면에 둥지를 튼 간교한 변호사를 당장 해고하는 게 최우선 과제다. 그렇지 않으면 끝 모를 언쟁의 굴레 속에서 분노의 악순환을 결코 단절해 낼 수 없기 때문이다. 그리고 내면의 변호사를 파면한 그 빈자리에 자신의 처지를 깊이 공감해 줄 수 있는 타자와 투명하게 감정을 교류하는 과정을 채워 넣는 것이 진정한 해법이다.

잘못의 실체를 용감하게 직면하라

용서를 구하는 행위의 이면에는 잘못에 대한 구체적인 직면을 회피하고 모호한 태도로 국면을 전환하려는 비겁한 방어기제가 숨어 있는 법이다. 모든 것이 자신의 전적인 잘못이기에 맹목적인 용서를 구한다거나, 과거의 진흙탕은 덮어둔 채 새로운 페이지를 열자는 식의 값싼 화해 요청이 대표적인 사례다. 그러나 진정성의 무게가 담긴 용서를 완성하기 위해서는 알량한 자존심의 훼손을 감수하고서라도 은폐된 잘못의 실체를 적나라하게 파헤치는 고통스러운 작업이 필수적이다. 이미 배운 대화의 로드맵을 지침 삼아 과거의 치명적 오류를 명징한 언어로 묘사할 때 용서의 험난한 여정이 비로소 시작된다.

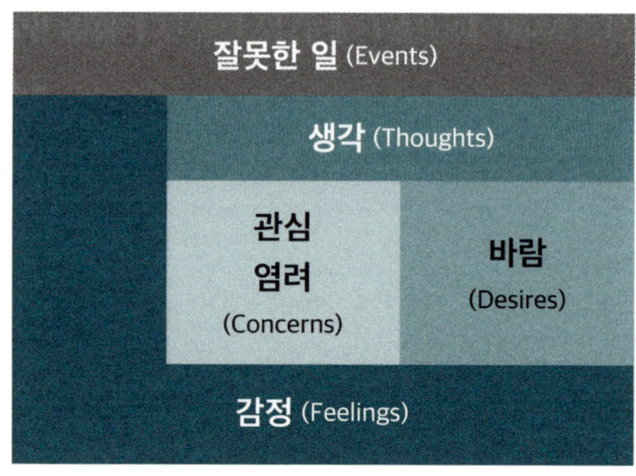

💬 용서 구하기 / 용서하기

위의 로드맵에 따라 상처받은 상황과 그로 인한 감정, 그리고 바라는 바를 구체적으로 표현하는 것이 소통의 첫걸음이다. 가해자든 피해자든 대화의 기술을 활용해 자기 생각과 우려를 전달하는 것이 최선의 방식이다. 이 과정에서 상호 이해와 공감을 주고받을 때 비로소 사건을 객관적인 시각으로 바라볼 수 있게 된다. 타인의 관점을 이해하고 공감하는 태도는 용서의 과정을 매끄럽게 하는 촉매제다. 만약 당사자와의 직접적인 대화가 어렵다면 공감 능력을 갖춘 제삼자와 먼저 대화하는 것도 훌륭한 대안이다. 제삼자의 공감은 긴장과 분노를 완화할 뿐만 아니라 상황을 수용할 수 있는 통찰을 제공하기 때문이다. 자신의 감정과 생각을 온전히 표현하고 이해받은 경험은 향후 용서를 구하거나 타인을 용서하는 과정을 훨씬 수월하게 만든다.

🗨 '미안하다'라고 말하고 용서를 구하거나 용서하라

진심 어린 사과는 용서의 핵심 요소다. 타인에게 상처를 주었다면 정중하게 사과하고 용서를 구해야 한다. 반대로 상처를 받았다면 신중한 숙고 끝에 "당신을 용서한다"라고 선언해야 한다. 용서는 단순한 감정적 고백이 아니라 주도적이고 의지적인 결단이다. 또한 용서는 일회성 이벤트가 아니라 지속적인 과정이며, 관계 회복을 향한 전환점이라는 사실을 인지해야 한다. 우리는 용서를 선택함으로써 마음속 무거운 짐을 덜어내고, 궁극적으로는 내면의 평화와 자유를 얻게 된다. 당장 극적인 감정의 변화가 없더라도 시간이 흐름에 따라 막혔던 관계가 회복되는 것을 경험할 수 있게 된다.

🗨 배려와 친절을 통해 관계를 재건하라

용서를 결단했다면 상대방을 온화하게 대하는 태도가 뒤따라야 한다. 타인에게 지난 잘못을 발설하거나 당사자에게 잘못을 거듭 들추는 행위는 지양해야 한다. 부드러운 언행과 공감과 배려를 실천하면서 상대의 장점에 주목하는 것이 중요하다. 마음속에서 잘잘못을 따지려는 '내면의 변호사'가 등장할 때마다 이를 통제하고 친절을 유지해야 한다. 이처럼 의도적인 사랑 훈련은 자신을 더욱 성숙하고 관대한 인격체로 성장시킨다. 용서를 구하는 입장에서도 마찬가지다. 공격적인 태도를 거두고 변화된 행동과 다정한 접근을 통해 진정성을 증명해야 한다. 억울함이나 죄책감이 밀려올 때도 배려하는 행동을 지속함으로써 이전보다 훨씬 성숙한 사람으로 거듭날 수 있다.

치유를 위해 의식적으로 용서를 반복하라

용서의 과정은 결코 순탄한 게 아니다. 틈만 나면 시시비비를 가리려는 내면의 방어기제를 끊임없이 억누르는 작업이 요구된다. '미안하다' 또는 '용서한다'라는 말을 수없이 반복해야 할 수도 있다. 핵심은 판단을 유보하고 상대방을 향한 연민을 실제 행동으로 증명하는 것이다. 영혼의 상처가 온전히 치유될 때까지 온화한 행동을 반복하는 끈기가 필요하다. 의도적인 친절을 실천하는 중에도 부정적인 감정이 솟구친다면 올바른 표현의 기술을 통해 이를 해소해야 한다. 용서를 선택하고 배려에 헌신할 때 비로소 최악의 상황 속에서도 용서의 기적이 일어나게 된다.

상처의 수용과 내면의 해방을 경험하라

정채봉 시인의 「상처 없는 새가 어디 있으랴」는 이러한 용서와 상처의 본질을 깊이 있게 관통한다. 비행 시험에서 떨어지고 무리에게 따돌림당하며 찢긴 상처로 절망하는 젊은 독수리들 앞에 나타난 영웅 독수리는 자신의 무수한 상흔을 보여주며 일갈한다. 겉으로 드러난 상처보다 마음의 빗금 자국이 더 많음을 고백하며, 상처 없는 새는 태어나자마자 죽은 새뿐이므로 털고 일어나 다시 날아오르자는 묵직한 메시지를 던진다.

이 시의 통찰처럼 세상의 모든 만물은 상처와 함께 살아간다. 그러나 이 상처를 해석하고 극복하는 태도에 따라 결과는 판이하게 갈린다. 상처 준 대상을 평생 원망하는 선택은 내면에 저주를 채우고 자신을 고통 속에 가두는 행위이다. 반면에 용서를 선택하는 사람은 마음의 안녕과 평화, 건강이라는 선물을 얻게 된다. 결국 용서는 가해자를 놓아주는 동시에 증오라는 감옥에 갇힌 나 자신을 해방시키는 가장 강력한 자구책이다.

새뮤얼 존슨(Samuel Johnson)은 "현명한 사람이라면 불필요한 고통으로 귀중한 시간을 허비하고 싶지 않기에 용서를 서두를 것이다"라고 통찰했다. 이 용서의 기술을 습득하고 실천하는 과정에서 깊은 마음의 평화를 누릴 수 있다. 나아가 주변 사람들에게도 이 기술의 가치를 나눔으로써 갈등의 세상 속에서 상처를 어루만지는 진정한 치유자이자 평화의 도구가 될 수 있을 것이다.

1. 용서의 필요성을 인정하라.

2. 용서를 위한 안전한 환경을 만들라.

3. 마음속에 있는 변호사를 쫓아내라.

4. 잘못의 실체를 용감하게 직면하라.

5. '미안하다'라고 말하고 용서를 구하거나 용서하라.

6. 배려와 친절을 통해 관계를 재건하라.

7. 치유를 위해 의식적으로 용서를 반복하라.

관계 향상시키기

1. 내가 용서를 구해야 할 사람이 있는지 가족부터 생각해 보세요. 나 때문에 상처받았을 배우자, 부모나 자녀, 친인척과 친구들, 동료들에게 위의 7단계를 기억하면서 용서를 구하세요.

2. 혹시 내가 용서해 주어야 할 사람이 있나요? 그들이 용서의 손을 내밀 때 마음을 열고 다가가 용서를 선물해 줄 사람은 누구인가요? 위의 단계들을 생각해 보면서 용서의 과정을 실천해 보세요.

3. 나에게 큰 상처를 주고도 용서를 구하지 않는 사람이 있나요? 만약 당신이 받은 상처의 뿌리가 너무 깊고 복잡한 것이거나 상대방이 당신 주변에 없는 경우라면 어떻게 할까요? 당신 혼자 용서의 과정을 밟기 어렵다고 판단되면 전문 상담자를 찾아 도움을 얻거나 '치유나 용서 프로그램'에 참여하여 용서를 실천할 수 있나요?

7장

이해와 공감을 기초로 한 **문제 해결의 기술**

문제란 마치 세탁기와 같다. 그들은 우리를 비틀어 짜고, 우리를 빙빙 돌리기도 하면서 거칠게 다룬다. 그러나 결국에는 우리를 더 깨끗하게 하고, 더 밝게 하고, 전보다 더 좋은 상태로 만들어 준다.

- 무명

인생이란 문제를 해결해야 할 기회의 연속이다. 우리에게 닥친 문제는 우리가 그 문제에 대해 어떻게 반응하느냐에 따라 우리를 넘어뜨리거나 발전시킬 것이다.

- 릭 워렌(Rick Warren)

문제가 없는 삶이란 불가능에 가깝다. 인생은 본질적으로 끊임없이 발생하는 문제를 수용하고 해결해 나가는 과정이다. 홀로 살아가는 생애에도 문제는 늘 뒤따르기 마련이나, 타인과 관계를 맺고 공존하는 삶에서는 그 양상이 더욱 복잡하고 빈번해진다. 이는 개개인의 사고와 감정, 성장 배경, 그리고 가치관의 차이에서 비롯되는 필연적인 갈등의 결과다.

얼마 전 한 지인으로부터 선물 받은 액자에는 "문제가 없다는 것은 곧 죽음과 다름없다"라는 문구가 적혀 있었다. 이를 본 자녀가 "문제가 사라지면 삶도 끝나는 것이냐"라며 놀라움을 표했을 때 필자는 그것이 가혹하지만 부정할 수 없는 진실임을 확인해 주었다. 살아 있는 존재에게 문제는 회피할 수 없는 숙명과도 같다. 다시 말해 문제는 우리 삶의 필연적인 동반자이다.

인생이 해결해야 할 과제들의 연속이라면 우리는 일찍이 그 해법을 체득하여 전문가 수준의 역량을 갖추었어야 마땅하다. 그러나 현실은 그렇지 못하다. 결혼 8년 차의 한 내담자는 배우자와 문제에 대해 충분히 대화하고 해결책을 약속했지만, 정작 문제는 해결되지 않은 채 갈등이 반복되는 고충을 토로했다.

이러한 현상이 발생하는 원인은 명확하다. 대화의 의지는 있다 해도 정교한 '문제 해결의 기술'을 인지하지 못했거나, 이를 적절히 운용하지 않았기 때문이다. 올바른 기술을 적용한 대화는 대다수 문제를 실질적으로 해결할 수 있는 열쇠가 된다.

토의의 기술과 '문제 해결 실습장'의 활용

대화의 기술 가운데 하나인 '토의의 기술'은 해결 과제나 결정 사안이 발생했을 때 구체적인 위력을 발휘한다.

- 표현 막대기: 화자(speaker)의 차례를 명확히 구분해 경청과 이해의 밀도를 높인다. 이는 한 사람이 대화를 독점하는 구태의연한 습관을 배제하고 양측 모두의 의견을 대등하게 표출하도록 돕는 탁월한 도구다.
- 문제 해결 실습장: 토의의 기술이 '표현 막대기'에 집중한다면 문제 해결의 기술은 '문제 해결 실습장'의 기록에 성패가 달려 있다. 이것은 충분한 논의 끝에 '누가, 무엇을, 언제' 실행할 것인지 구체적으로 명문화하는 단계다. 합의 사항을 기록하느냐의 여부가 실제 해결로 이어지는지를 결정짓는 척도가 된다.

문제 해결의 기술은 토의의 기술의 연장선상에서 상호 동의와 결정 그리고 전략적 계획 수립이 필요할 때 사용되는 고도화된 대화 기법이다. 이는 각자의 입장과 필요를 투명하게 공유하고, 공감을 바탕으로 합리적인 합의점에 도달하게 한다. 결과적으로 이 기술은 구성원 모두가 만족할 수 있는 최적의 솔루션을 도출함으로써 상생과 더불어 관계의 질적 성장을 견인하는 강력한 수단이 된다.

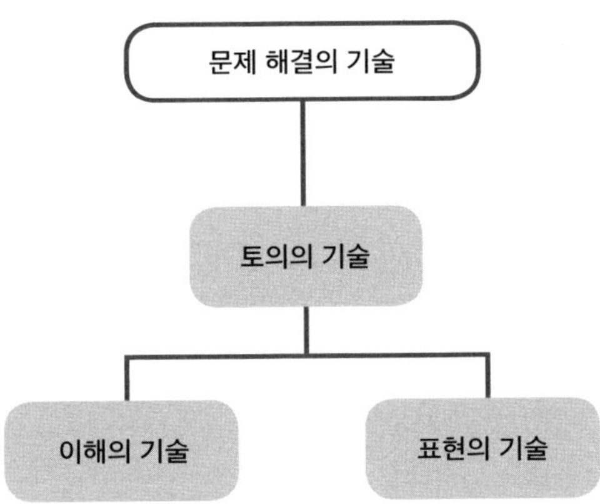

인생이 문제의 연속임에도 불구하고 많은 이들이 해결의 임계점을 넘지 못하는 이유는 역량이 부족하기 때문이다. 즉 '문제 해결의 기술'을 인지하고 올바르게 적용하여 대화해야 문제에 대한 실질적인 해결로 나아갈 수 있다.

문제 해결의 기술은 각자의 필요를 투명하게 공유하고 공감을 바탕으로 합리적인 합의점에 도달하게 한다. 결과적으로 구성원 모두가 납득할 수 있는 최적의 솔루션을 도출함으로써 관계의 질적 성장을 견인하는 강력한 수단이기도 하다. 결국 숙련된 문제 해결의 기술은 갈등을 소모적 논쟁이 아닌 상생의 기회로 전환하는 성숙한 방식이다.

효율적 문제 해결을 위한 전략적 접근

문제 발생 시 이를 해결하는 경로는 크게 두 가지로 구분된다. 비교적 단순한 사안은 '토의의 기술(discussion skills)'을 통한 대화만으로도 충분히 해소된다. 그러나 복잡도가 높고 다각도의 절차가 요구되는 문제라면 단순 대화를 넘어 체계적인 '문제 해결의 기술(problem solving skills)'을 가동해야 한다. '문제 해결의 기술'이란 심도 있는 토의 내용을 구체적인 '문제 해결 실습장'으로 옮기고, 정의된 프로세스에 따라 단계별로 실행하며 최적의 해답에 도달하는 정교한 과정이다.

존 브랜스포드의 'IDEAL 모델'

학계마다 문제 해결의 방법론은 다양하나 그 근간은 유사하다. 그 중 가장 대표적인 표준 모델은 존 브랜스포드(John Bransford) 박사의 'IDEAL 모델'이다. 인지심리학과 교육학 분야의 권위자인 브랜스포드 박사는 학습과 기억, 문제 해결의 능력에 관한 혁신적인 연구를 통해 심리학의 인지 혁명을 주도한 인물이다. 특히 그가 고안한 문제 해결 프레임워크는 30년이 지난 지금도 전 세계 교육 현장에서 그 유효성을 입증

받고 있다.

IDEAL 5단계 프로세스

존 브랜스포드와 배리 스타인(Barry S. Stein) 박사는 저서 『아이디얼 문제 해결사(*The Ideal Problem Solver*)』를 통해 다음과 같은 전략적 5단계를 제시한다.

- I(Identify): 당면한 문제가 무엇인지 정확히 포착하고 인지한다.
- D(Define): 해당 사안이 왜 문제가 되는지 그 본질과 원인을 규명한다.
- E(Examine): 가용한 선택지와 잠재적 해결책을 다각도로 검토한다.
- A(Act): 수립된 계획을 바탕으로 결정 사항을 과감히 실행에 옮긴다.
- L(Look): 실행 후 결과를 객관적으로 평가하고 피드백한다.

기대 효과와 활용 범위

이 모델은 개인적 차원의 문제부터 조직적 차원의 갈등 해결에 이르기까지 폭넓은 범용성을 갖는다. 특히 감정적 대립이 첨예한 인간관계나 밀접한 가족 내부의 문제를 다룰 때 더욱 강력한 힘을 발휘한다. 정해진 실습 절차에 따라 논리적인 단계를 밟아나간다면 구성원 모두가 납득할 수 있는 최선의 합의점에 도달하게 된다.

문제 해결 실습장 (IDEAL Problem Solving Sheet)

1. 문제 (Identify the Problem)	
2. 문제가 되는 이유, 염려와 걱정 (Define problem or core concerns)	
자신의 주요 관심사나 염려	상대방의 주요 관심사나 염려

3. 문제 해결 전략 (Examine options and solutions)

1) 일반적 합의 사항

2) 행동 세부 사항들

누가	무엇을	언제/ 어디서	어떻게

특별한 상황	평가 날짜

4. 결정 사항 실천하기 (Act on a plan)

5. 결과 평가하기 (Look at the consequences)

효과적인 토의의 핵심은 문제의 현상뿐만 아니라 그 이면에 자리 잡은 개인의 사고와 감정을 충분히 공유하는 것이다. 그래서 첫 번째 단계인 'I(Identify problems, 문제 인식)'는 이는 문제 해결의 첫 단추이자 가장 본질적인 단계다. 파편화된 서로의 입장을 하나로 결집하고, 해결에 필요한 핵심 정보를 도출하는 과정이기 때문이다.

많은 이들이 감정 공유를 시간 낭비로 치부하며 서둘러 결론을 내리려고 하지만, 이는 위험한 발상이다. 심리적 응어리가 풀리지 않은 상태에서는 아무리 정교한 해결책이라도 추진력을 얻기 어렵다. 감정의 정화가 선행될 때 비로소 이성적인 합의가 가능해지며, 서로의 입장에 대한 완전한 공감은 기대 이상의 손쉬운 해결을 이끌어 내는 열쇠가 된다.

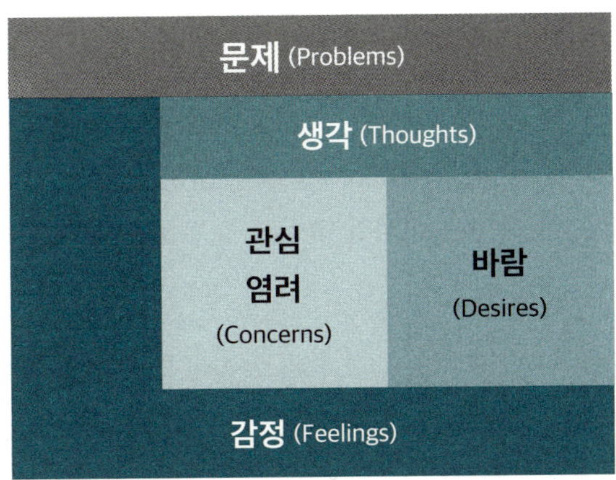

D, 문제의 이유에 대해 정의하라

두 번째 단계인 'D(Define problem or concerns, 문제나 염려의 정의)'는 문제가 발생하는 근본적인 이유와 개인의 '불안 지점'을 허심탄회하게 규명하는 과정이다. 문제의 심층에는 대개 상실이나 실패에 대한 구체적인 염려가 자리하고 있다.

성공적인 해결책은 반드시 양측의 이러한 염려를 해소하는 형태여야 한다. 예를 들어 예산 문제를 논할 때 누군가는 미납에 대한 불안을, 누군가는 자율성 침해를 걱정할 수 있다. 이처럼 서로 다른 핵심 가치와 우려 사항을 솔직하게 공유할 때 비로소 상대의 짐을 나누어 지려는 협력적 태도가 형성된다.

E, 서로에게 유익한 해결책을 찾아라

세 번째 단계인 'E(Examine options and solutions, 가용한 선택지와 해결책 검토)'는 서로의 염려를 불식시킬 최적의 해결책을 탐색하는 과정이다. 이 단계에서는 성급한 타협 대신 창의적 상상력을 동원해야 한다.

브레인스토밍을 통해 판단을 보류하고 가능한 모든 선택지를 나열하는 것이 우선이다. 열린 마음으로 상대의 제안을 경청하다 보면 자신의 처음 제안보다 더 나은 제안을 발견하는 유연함이 생긴다. 이는 한쪽의

일방적인 양보가 아닌, 두 사람 모두가 승리하는 '전략적 동행'의 시작
이다.

실행 가이드

① 상대방의 마음 먼저 살피기

먼저 상대방의 말을 경청하고 그 마음에 공감하는 것이 우선이다. 우
리가 정한 해결책이 각자에게 구체적으로 어떤 도움이 되는지 충분히
이야기를 나눈다.

② 큰 틀을 정한 뒤 세부 사항 정하기

먼저 전체적인 방향에 대해 서로 동의하는 과정을 거친다. 그 후에 누
가, 언제, 어떻게 할 것인지 구체적인 계획을 세우고, 나중에 확인하기
쉽도록 반드시 기록으로 남긴다.

③ 예외 상황에 미리 대비하기

갑작스러운 변화나 예상하지 못한 상황이 생길 때를 대비해 미리 보
조 계획을 세운다. 준비된 계획이 있으면 어떤 상황에서도 약속한 일을
끝까지 실행할 수 있다.

④ 서로의 생각 확인하기

서로가 기대하는 바를 명확히 확인하여 생각의 차이를 줄인다. 사용하는 단어의 의미와 각자가 맡은 역할의 범위를 분명하게 정해 두면 나중에 오해가 생기는 것을 막을 수 있다.

A, 계획한 대로 실행하라

네 번째 단계인 'A(Act on a Plan, 계획 실행)'는 수립된 계획을 일정에 따라 즉시 실행에 옮기는 것이다. 아무리 완벽한 계획이라도 실천이 담보되지 않으면 무용지물이다. 또 실행 과정에서 발생하는 변화를 면밀히 관찰하고, 필요에 따라 전략을 수정 보완할 필요가 있다.

L, 실행 과정과 결과를 평가하라

마지막 평가 단계인 'L(Look at the consequences, 결과의 평가)'은 단순한 결과 확인을 넘어 관계의 밀도를 높이는 시간이다. 계획을 수정하고 재검토하는 과정에서 나누는 진솔한 대화는 연대감을 강화한다. 이처럼 문제를 함께 해결해 나가는 경험은 서로에 대한 신뢰와 감사로 이어지며, 이는 곧 관계의 자존감으로 직결된다.

IDEAL 프로세스를 통한 문제 해결은 단순히 갈등을 제거하는 것에 그치지 않는다. 이는 상대방을 '정복의 대상'이 아닌 '퍼즐을 함께 맞추는 파트너'로 인식하게 만드는 경이로운 변화의 과정이다. 체계적인 기록과 실천을 통해 쌓인 성공 경험은 부부 및 모든 인간관계에 깊은 친밀감과 강력한 결속력을 선사하는 최고의 자산이다.

관계 향상시키기

'부록 5'의 '문제 해결 실습장'을 이용하여 문제 해결의 기술을 실습해 보세요. 부록에 나와 있는 실습장을 여러 장 복사해 두고, 필요할 때마다 사용하세요. IT 기기가 익숙하다면 PC나 태블릿 또는 스마트폰에 '부록 5'의 표를 만들어 두고, 문제를 해결해야 할 때마다 '문제 해결 실습장'을 적어가면서 해결해 보세요. 그리고 이 기술을 사용하기 전후로 어떻게 달라졌는지 서로 이야기해 보세요.

8장

나를 먼저 바꾸는 **변화의 기술**

우리 자신이 변하면 이 세상도 바꿀 수 있다. 우리 자신을 바꾸는 것은
우리가 매일 쓰는 언어와 대화 방식을 바꾸는 데서 시작한다.

- 마셜 로젠버그(Marshall B. Rosenburg)

모든 사람은 세상이 변화되어야 한다고 생각한다.
하지만 아무도 자신의 변화에 대해서는 생각하지 않는다.

- 톨스토이(Lev Nikolayevich Tolstoy)

송길원 교수의 「나와 아내는 달라도 너무 다르다」라는 시를 짧게 요약해 보았다.

나와 아내는 기질부터 생활 습관까지 모든 면에서 평행선을 달리는 존재다. 나는 오른손잡이이자 새벽을 깨우는 '종달새형'이지만, 아내는 왼손잡이이자 밤에 활력이 넘치는 '올빼미형'이다. 식탁 위 국그릇의 위치 같은 사소한 차이부터 서로 맞물리지 않는 생체 리듬까지 우리의 일상은 늘 갈등의 불씨를 품고 있다.

정리 정돈에 대한 관점 차이는 인내심을 시험하는 가장 큰 요인이다. 사용한 컵을 즉시 세척해야 직성이 풀리는 나의 완벽주의는 그릇이 쌓일 때까지 기다렸다 한꺼번에 해치우는 아내의 방식과 충돌한다. 특히 외출 직전 모든 화장품의 뚜껑을 열어놓은 채 분주한 아내의 모습은 나로 하여금 종교적 가르침까지 인용하며 다그치게 만드는 원인이 된다.

아내의 변화를 촉구하며 몰아세우던 어느 날, 나는 내면의 호통을 마주하며 깊은 통찰을 얻는다. 잘하는 사람이 직접 하면 될 일을, 굳이 못하는 사람에게 강요하며 상처를 주고 있었다는 사실을 깨닫게 된 것이다. 부족한 점을 서로 보완하라고 맺어준 인연임을 망각했던 나의 오만함은 큰 충격을 받는다.

비난을 멈추고 행동을 선택한 순간부터 관계의 기적이 시작된다. 화장대 앞 아내의 곁에서 묵묵히 화장품 뚜껑을 닫아주는 파트너가 되기로 결심한다. 그러자 강요할 때는 요지부동이던 아내도 스스로 변하기 시작한다. '타인을 바꾸려는 무모한 시도를 내려놓고 나 자신의 태도를 먼저 수정하는 것이 관계 개선의 유일한 열쇠'라는 사실을 발견하게 된다.

위의 시는 독자에게 깊은 공감과 웃음을 동시에 선사한다. 이는 상대 방을 변화시키기 위해 고군분투하던 시인의 모습에서 우리 자신의 초 상을 발견하기 때문이다. 우리는 배우자와 자녀를 바꾸기 위해 설득과 다그침, 때로는 화를 내는 등 모든 수단을 동원해 왔다. 하지만 상대는 쉽게 변하지 않았고, 그 끝에는 늘 실망과 좌절만 남았을 뿐이다.

중요한 것은 타인을 교정하려는 집착에서 벗어나 나의 태도와 방법 을 먼저 바꾸는 것이다. 상대의 약점을 있는 그대로 수용하고 조력자의 자세를 갖추는 것이 진정한 변화의 기술이자 현명한 선택이다.

🗩 행동 변화의 메커니즘

행동의 변화가 체득(learn by experience)되기까지 얼마만큼의 시간이 필요한지에 대한 과학적 근거는 이미 마련되어 있다.

- 습관 형성의 소요 시간: 2009년 「유럽 사회심리학 저널(*European Journal of Social Psychology*)」에 발표된 필리파 랠리(Phillippa Lally)의 연구에 따르면, 새로운 습관이 형성되는 데는 평균 66일이 소요된다.

- 과제의 난이도별 차이: 습관의 종류에 따라 짧게는 18일에서 길게는 254 일까지 편차가 존재한다. 간단한 인사 습관은 금방 형성되지만, 독서나 공부처럼 복잡한 습관은 훨씬 더 많은 시간이 필요한 법이다.

• 변화의 3단계: 교육학적 커리큘럼이 보통 8~12주로 설계되는 이유는 변
화의 단계적 흐름 때문이다.

① 지식의 습득: 새로운 정보를 받아들이는 단계다.

② 태도의 변화: 습득한 지식을 바탕으로 내면의 관점이 바뀌는 단계다.

③ 행동의 변화: 바뀐 태도가 실제 실천으로 이어져 몸에 배는 최종 단
계다.

현대사회는 인스턴트식 속도에 익숙해진 나머지, 변화에 필요한 물리
적 시간을 견디지 못하는 경향이 있다. 많은 이들이 2박 3일이나 일주일
내에 과정을 속성으로 끝내고 싶어 하지만, 이는 단순한 지식의 전달에
그칠 위험이 크다.

진정한 기술은 지식이 행동으로 옮겨지고, 그것이 반복되어 무의식적
인 습관으로 정착될 때 비로소 완성된다. 단순히 '알고 있다'라는 수준
에 만족하지 않고, 자신의 성장과 관계의 향상을 위해 행동의 변화로 나
아가는 것이 변화의 기술의 핵심이다.

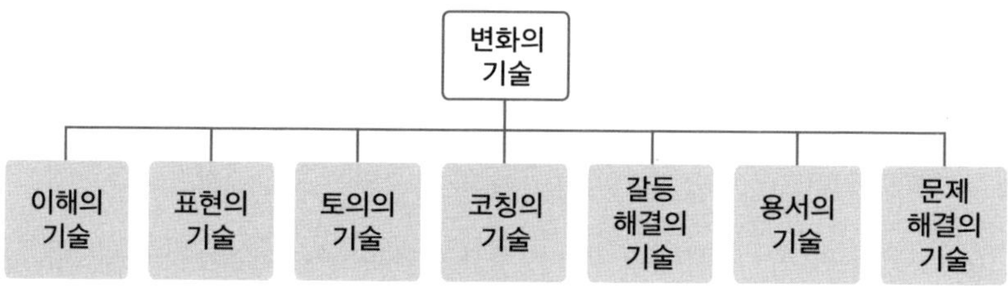

위의 도표는 이해와 표현, 토의와 코칭, 그리고 갈등 해결과 용서에 이르기까지 우리가 습득한 기술들이 산적한 관계 문제들을 풀어내는 핵심 열쇠임을 보여준다. 특히 문제 해결의 기술은 개인과 가족, 나아가 공동체 내의 갈등을 구성원 모두가 만족할 만한 방식으로 귀결시키기 위해 충분한 논의와 실습을 지원하는 도구다.

그러나 단순한 협의만으로는 해결되지 않는 접점이 존재하며, 이는 결국 자기 자신이나 상대방의 본질적인 변화를 전제로 한다. 이러한 상황에서 요구되는 것이 바로 '자신을 변화시키는 기술'과 '상대방의 변화를 돕는 기술'이다.

자신을 변화시키는 기술의 핵심 요소

- 변화의 내재화 – 결심을 성취로 전환하는 동력: 스스로 다짐한 변화의 의지가 일시적인 결심에 머물지 않고, 실질적인 성과와 구체적인 성취로 이어지도록 내면의 힘을 기르는 과정이다.
- 습관의 재구성 – 관성을 깨는 전략적 실천: 오랜 시간 굳어진 부정적인 태도와 관성적인 습관을 정교하게 교정하고, 이를 대체할 새로운 행동 양식을 체계적으로 정착시키는 실용적인 기술이다.
- 지속 가능성 확보 – 연대와 환경을 통한 변화의 완성: 자신과의 약속을 성실히 이행하는 의지를 넘어 주변의 지지와 긍정적인 에너지를 변화의 동

력으로 활용할 수 있는 최적의 환경을 구축하는 일이다.

이러한 기술적 흐름과 상호 보완적인 관계는 아래의 도표를 통해 더욱 명확하게 가시화된다.

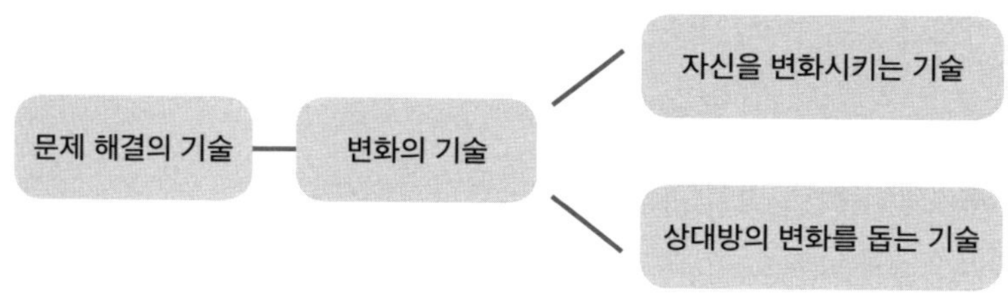

> **변화의 기술은 언제 필요한가?**
>
> 1. 자기 계발과 성장을 원할 때
> 2. 건강한 생활 습관을 원할 때
> 3. 상대방이 변화되기를 바랄 때
> 4. 특정한 습관이나 행동 때문에 두 사람 사이에 갈등 또는 문제가 생길 때

나를 변화시키는 기술

몇 년 전 사춘기 자녀로 인해 깊은 고통을 겪던 한 어머니를 상담한 바 있다. 미국 이민 후 자녀의 성공을 위해 새벽부터 밤늦게까지 헌신하

며 살아온 그녀에게 있어 공부에 전혀 관심이 없고 문제를 종종 일으키는 아들은 무너진 기대이자 실망 그 자체였다. 아들을 생각할 때마다 울화와 좌절감을 느낀다는 그녀의 고백은 듣는 이의 마음마저 답답하게 만들었다. 상담이 끝날 무렵 그녀가 남긴 "아들이 먼저 변하지 않으면 나도 절대 변하지 않겠다"라는 말은 여전히 뇌리에 깊이 박혀 있다.

속상한 마음은 충분히 이해되지만, '부모조차 자식을 억지로 변화시킬 수 없다'라는 사실을 간과한 채 변화의 길을 찾지 않는 모습은 참으로 안타까운 일이다. 우리 역시 누군가에게 '네가 먼저 변해야 한다'라고 강요하며 살고 있지는 않은지 돌아보게 된다. 변화를 만들어낼 수 있는 유일한 사람은 바로 자기 자신뿐이라는 진리를 받아들여야 한다. 관계 개선과 효과적인 조력을 위해 '나를 먼저 변화시키는 구체적인 기술'을 다음과 같이 정리해 본다.

1. 변화를 점진적인 배움의 과정으로 인식한다

교육심리학자 벤저민 블룸(Benjamin S. Bloom) 교수는 학습의 영역을 지적 영역, 정서적 영역, 행동 영역의 세 가지로 구분했다. 변화란 '무엇인가를 이전과는 다르게 하는 것'을 의미하며, 이는 일회적인 사건이 아닌 점진적인 과정이다. 현재 대화의 기술을 배우는 단계는 기초적인 '지식 습득'에 해당하며, 변화의 필요성을 깨닫는 '정서적 변화'를 거쳐 실제 '행동 영역'의 변화로 나아가기까지는 상당한 시간과 노력이 소요된다. 따라서 변화가 즉각적으로 일어나지 않더라도 꾸준히 실천하는 태도가 중요하다.

2. 변화에 대한 분명한 그림을 그린다

변화를 갈망한다면 자신이 원하는 바를 실천하는 모습을 구체적으로 상상해야 한다. 목표를 글로 써서 잘 보이는 곳에 붙여두거나 일기장에 기록하는 행위는 변화를 촉진하는 훌륭한 촉매제가 된다. 다이어트를 원한다면 날씬해진 몸으로 원하는 옷을 입은 모습을 상상하고, 관계 개선을 원한다면 아내를 위해 설거지하거나 남편의 부탁을 들어주며 서로 미소 짓는 장면을 동영상처럼 상세히 그려본다. 이러한 구체적인 심상화(心象化, imaging)는 목표를 달성하고자 하는 열망을 더욱 강하게 만든다.

3. 구체적이고 현실적인 계획을 세운다

스크랜턴대학교(University of Scranton)의 조사에 따르면, 많은 사람이 새해 결심을 하지만, 이를 6개월 이상 지속하는 비율은 절반에도 미치지 못한다고 한다. 특히 나이가 들수록 실천 의지가 약해지는 경향이 있는데, 이는 구체적인 계획의 부재나 조급함에서 비롯된다. 성공적인 변화를 위해서는 목표를 달성하기 위한 단계별 계획을 메모하고, 정기적으로 진행 상황을 점검해야 한다. 또한 현관문이나 차 안 등 생활 공간 곳곳에 목표를 상기할 수 있는 물건들을 배치하여 결심이 행동으로 이어지도록 환경을 조성하는 노력이 필수적이다.

4. 주변의 도움과 창조적인 자극을 활용한다

자신을 격려하고 지지해 줄 응원군을 확보하는 것은 변화의 속도를 높이는 전략이다. 신뢰할 수 있는 사람들에게 자신의 결심을 알리고, 할 일을 미리 기억나게 해 주는 '사전 상기'를 부탁한다. 이때 상대방의 조언이나 알림에 대해 방어적으로 반응하기보다 감사를 표현하는 자세가 중요하다. 아울러 목표를 성취했을 때 느끼는 상쾌함과 짜릿한 기분을 충분히 만끽하면서 자신에게 "정말 잘했어"라는 칭찬을 건네는 과정은 지속적인 실천을 돕는 강력한 동기부여가 된다.

5. 난관에 봉착하면 다시 기본으로 돌아간다

변화를 위해 노력함에도 원하는 결과가 나오지 않는다면 목표가 지나치게 높지 않았는지 재평가해야 한다. 이른바 '작심삼일'로 끝났다고 해서 포기하는 것이 아니라 실패를 개선의 기회로 삼아 다시 시작하는 인내가 필요하다. 변화의 과정에서 겪는 실수는 자연스러운 현상임을 인정하고 '칠전팔기'의 정신으로 다시 도전할 때 비로소 진정한 내면의 변화와 관계의 회복을 경험할 수 있다.

상대방의 변화를 돕는 기술

'변화의 기술'은 크게 두 영역으로 구분된다. 첫 번째 단계가 '자신을 변화시키는 기술'이라면 두 번째 단계는 '상대방의 변화를 돕는 기술(Helping Others Change Skill)'이다. 여기서 우리가 주목해야 할 지점은 타인을 '변화시키는' 것이 아니라 그들의 변화를 '돕는' 것이라 표현한 부분이다.

많은 부부는 결혼 생활의 시작과 동시에 배우자를 자신의 입맛에 맞게 개조하려는 치열한 투쟁을 벌인다. 자녀가 자라나 의사소통을 시작할 때도 부모는 아이를 자신의 틀에 맞추기 위해 온 힘을 쏟는다. 하지만 이처럼 일방적인 노력의 끝에 기다리는 것은 대개 깊은 실망과 좌절이다.

우리는 가족을 바꾸기 위해 명령하고 잔소리하고, 때로는 위협이나 분노를 동원해 상대를 다그친다. 이러한 방식은 단기적으로 효과가 있는 것처럼 보일 수 있으나, 인간의 본질적인 변화를 이끌어 내진 못한다. 오히려 상대를 교정하려는 모든 강압적인 시도는 서로를 지치게 할 뿐이며, 부정적인 감정을 쌓아 관계를 파괴하는 결과로 이어진다.

이제는 '내가 누군가를 변화시킬 수 있다'는 오만한 착각에서 벗어나야 한다. 우리가 할 수 있는 유일하고도 가치 있는 일은 상대방이 스스로 변화를 결심하고 노력할 때 곁에서 든든한 조력자가 되어주는 것이다. 타인의 자발적인 변화를 이끌어 내기 위해 '상대방의 변화를 돕는 기술'을 배워야 할 이유가 바로 여기에 있다.

1. 서로 합의하는 것부터 시작하자

변화를 위한 기술의 첫 단추는 '서로의 변화를 돕기로 합의하는 것'이다. 이는 본인이 추구하는 변화의 목표를 공유하고 상대방에게 구체적인 도움을 청하는 과정이다. "이러한 목표를 위해 노력 중이니, 당신이 이렇게 도와주면 좋겠다"라는 정중한 부탁과 함께 도움의 시점과 장소, 방법을 명확히 설명하는 것이 핵심이다.

예를 들어, "매일 아침 6시 운동을 위해 알람을 맞출 예정인데, 혹시 내가 일어나지 못하면 기분 좋은 말로 깨워 줘. 알람 맞추는 걸 잊어버렸을 때도 가볍게 귀띔해 주면 좋겠어"라고 요청하는 식이다. 이러한 부탁을 수락하는 순간, 상대방은 든든한 조력자의 역할을 맡게 되는 것이다.

훌륭한 보조 기억 장치, '상기'

약속한 변화를 이끌어 내는 가장 효과적인 조력 방법은 상대가 원하는 행동을 잊지 않도록 '상기(remind)'시켜 주는 일이다. 상기는 일종의 훌륭한 보조기억장치다. 여기에는 실천하기 전에 미리 일깨워 주는 '사전 상기(pre-remind)'와 잊었을 때 다시 기억나게 돕는 '사후 상기(post-remind)'가 있다. 상기 기법의 가장 큰 장점은 반복되는 잔소리 대신 기분 좋은 자극을 전달함으로써 변화에 대한 긍정적인 동기를 부여한다는 점이다.

- 사전 상기의 활용: 샤워 후 화장실 바닥에 옷을 벗어 두는 습관을 고치고 싶다면 화장실 문에 예쁜 스티커나 쪽지를 붙여 두는 방법이 있다. "빨래통 기억하시죠? 미리 고마워요!"와 같은 귀여운 노트를 활용한다면 이는 잔소리가 아닌 즐거운 실천을 돕는 훌륭한 사전 상기가 된다.
- 사후 상기의 활용: 설령 실천하지 못했더라도 비난 대신 격려가 담긴 사후 상기를 건네야 한다. "그동안 쓰레기 비우기를 참 잘해 줘서 고마워" "가끔은 잊을 수도 있지만, 노력하는 당신이 자랑스러워"라는 표현을 상대의 시선이 머무는 곳에 두는 방식이다. 이처럼 따뜻한 배려가 담긴 상기는 상대방의 변화를 지속하게 만드는 가장 강력한 동력이 된다.

2. 상대방의 노력과 성취를 진심으로 칭찬하자

상대방의 변화를 돕는 조력자는 자신을 변화시키는 과정과 마찬가지로 새로운 노력이 습관으로 자리 잡기까지는 상당한 시간이 필요하다는 사실을 명심해야 한다. 이 본질을 이해하면 상대방의 변화가 더디다고 해서 조급해하거나 불안해할 이유가 사라진다. 비난 대신 여유로운 마음가짐으로 상대방의 변화를 느긋하게 기다려 주는 태도가 무엇보다 중요하다.

상대방의 작은 노력과 성취에 대해 아낌없이 칭찬하고 감사를 표현하는 것은 변화를 가속화하는 가장 강력한 촉매제다. 필리파 랠리 박사 팀의 연구에 따르면, 습관 형성 과정에서 '바람직한 행동을 강화하는 보상'은 결정적인 역할을 한다. 특정 행동이 자발적으로 나오기까지 평균 66일이 걸리는데, 특히 초기 단계에서 적절한 보상이 뒤따를 때 그 행동이 더욱 견고하게 강화된다는 사실이 실험을 통해 증명되었다. 여기에서 보상이란 물질적인 것보다 칭찬, 인정, 고마움을 전하는 말과 행동을 의미하며, 이러한 지지를 받을 때 사람은 자신의 실천에 더욱 박차를 가하게 되는 법이다.

심리학에서 말하는 '강화(强化, reinforcement)'의 개념은 도로의 시멘트 포장 작업에 비유할 수 있다. 갓 깔린 시멘트 반죽은 무척 연약하여 작은 발자국에도 쉽게 흔적이 남으므로 외부의 출입을 금지하고 보호해야 한다. 시간이 흐르며 햇빛과 바람 그리고 적절한 수분이 더해질 때 비로소 시멘트는 아무리 밟아도 끄떡없는 단단한 바닥으로 굳어진다. 여기서 햇빛과 바람은 시멘트를 단단하게 만드는 '강화제'이며, 인간관계에서는 '칭찬, 인정, 격려, 감사의 말'이 바로 그 역할을 대신한다. 상대방의 노력이 하나의 단단한 습관으로 굳어질 때까지 이 강화제를 지속해서 투입해야 최선의 효과를 거둘 수 있다.

이러한 강화의 원리는 일상의 작은 풍경에서도 발견된다. 필자의 딸 재인이가 어린 시절에 피아노를 칠 때였다. 친정어머니는 손녀가 연습을 짧게 마치면 "벌써 그만두니? 좀 진득하게 앉아서 쳐야 실력이 늘지 않겠니?"라며 꾸중 섞인 아쉬움을 표하곤 했다. 하지만 비난 섞인 훈계는 아이의 의욕을 꺾을 뿐이다. 나는 어머니와 다른 방식을 선택했다. 재인이가 연습을 멈추려 할 때 방으로 다가가 "재인아, 네 피아노 소리를 들으니 엄마의 피로가 다 풀리는 것 같아. 터치가 정말 아름답구나. 엄마는 여기 앉아 책을 읽으며 네 연주를 더 듣고 싶어"라고 속삭였다.

나의 진심 어린 칭찬에 재인이는 환하게 웃으며 기꺼이 5분 이상 피아노 앞에 더 머물렀다. 단 5분을 더 지속하게 만드는 힘, 그것이 바로 칭찬과 강화의 위력이다. 이처럼 상대방의 노력을 지지하여 성취로 이끄는 것이 진정한 변화를 이끌어 내는 기술의 핵심이다.

3. 좌절하거나 실망스런 상황에 잘 대처하자

사랑하는 배우자나 자녀가 변화하기를 간절히 바라며 지켜본 경험은 누구에게나 있기 마련이다. 며칠간 의욕적으로 노력하던 상대가 다시 예전 모습으로 돌아간 것을 목격할 때면 깊은 실망감과 낙심이 밀려오게 된다. 특히 오랫동안 고착된 습관이나 고질적인 문제일수록 허탈함은 커지고 모든 것을 포기하고 싶은 마음이 들기 쉽다. 하지만 이럴 때

일수록 '변화는 더디게 온다'라는 사실을 되새기며 지혜로운 대처 방안을 모색해야 한다.

첫째, 세련된 대화의 기술로 자신의 감정을 전달해야 한다

상대방이 계획대로 따라주지 않을 때 비난보다는 이미 배운 대화의 기술을 활용해 자신의 실망감을 완곡하게 표현하는 것이 좋다. 대화 전 미리 내용을 정리하고, 과거의 긍정적인 경험을 언급하면서 이야기를 시작하는 것이 핵심이다.

"내 그럴 줄 알았어" 혹은 "고작 며칠 하고 포기하느냐" 같은 비난은 상대의 자존심을 상하게 할 뿐이다. 대신 '나 전달법(I-message)'을 사용하여 자신의 감정과 바람을 진솔하게 전달해야 한다.

대화의 예시: "당신이 노력하는 모습을 보며 정말 자랑스럽고 기뻤어. 그런데 최근 약속이 지켜지지 않는 것을 보니 건강이 걱정되고 속상해. 다시 한번 용기를 내서 시작해 보면 좋겠어."

둘째, 자신의 도우미 역할을 객관적으로 점검해야 한다

상대방의 변화가 정체되었다면 조력자인 자신이 너무 서둘렀거나 과도한 기대치를 설정한 것은 아닌지 되돌아볼 필요가 있다. 적절한 시기에 격려(사전 상기)를 해 주었는지, 작은 성취에도 충분한 칭찬과 감사(사후 상기)를 표현했는지 검토하는 과정이 필수적이다.

변화의 속도가 기대에 미치지 못하더라도 조력자로서의 역할을 포기해서는 안 된다. 자신의 계획을 유연하게 수정하며 끈기 있게 격려를 이어가는 자세가 변화를 완성하는 원동력이다.

4. 상대방의 꾸준한 실천에 수시로 감사를 표현하자

상대방이 새로운 행동을 정기적으로 실천하게 되더라도 수시로 감사를 표현해야 한다. 타인의 변화를 돕는 기술의 마지막 단계는 바로 정기적인 칭찬과 감사를 아끼지 않는 것이다. 상대방이 잘하고 있는 일을 당연하게 여기기보다 적극적으로 감사를 표현할 때 그는 해당 행동을 지속할 수 있는 강력한 동기를 얻는다. 이는 배우자와 자녀 등 소중한 가족이 긍정적인 행동 패턴과 좋은 습관을 스스로 기르도록 독려하는 가장 효과적인 방법이다.

가까운 지인 가운데 "제 아내는 저를 정말 기분 좋게 부려 먹습니다"라고 말하며 웃는 사람이 있다. 그 아내의 비결은 다음과 같다. 아내는 평소 자신이 원하는 행동을 남편이 할 때마다 즉시 칭찬하고 고마움을 전한다. 특히 그 행동이 자신을 얼마나 기쁘게 하는지, 그리고 자신을 얼마나 행복하게 만드는지 구체적으로 설명한다.

또한 무언가 부탁할 일이 생기면 남편의 기분이 좋을 때를 세심하게 살펴 정중하게 요청한다. 이후 남편이 그 부탁을 들어주면 잊지 않고 진심에서 우러나오는 감사를 표현한다. 이처럼 이전에 하지 않던 행동이 자발적인 습관으로 자리 잡게 만드는 가장 기분 좋은 선물은 바로 진심 어린 칭찬과 감사다.

본 장에서 배운 두 가지 변화의 기술 중 '자신을 변화시키는 기술'을 통해 끊임없이 성장하고, '상대방의 변화를 돕는 기술'을 현명하게 사용한다면 일상의 불평과 스트레스는 현저히 줄어들 것이다. 이러한 노력은 결국 우리를 이전보다 훨씬 더 깊고 친밀하며, 만족스러운 사랑의 관계로 안내할 것이다.

나를 변화시키는 기술 포인트

1. 변화를 점진적인 배움의 과정으로 인식한다.
2. 변화에 대한 분명한 그림을 그린다.
3. 구체적이고 현실적인 계획을 세운다.
4. 주변의 도움과 창조적인 자극을 활용한다.
5. 난관에 봉착하면 다시 기본으로 돌아간다.

상대방의 변화를 돕는 기술 포인트

1. 서로 합의하는 것부터 시작하자.
2. 상대방의 노력과 성취를 진심으로 칭찬하자.
3. 좌절하거나 실망스런 상황에 잘 대처하자.
4. 상대방의 꾸준한 실천에 수시로 감사를 표현하자.

관계 향상시키기

1. 자기 계발과 성장을 위해 변화하고 싶은 한 가지를 적고, '나를 변화시키는
   기술'의 원칙들을 실천해 보세요.

2. 배우자나 가족들에게 '내가 변화되길 원하는 행동이 있는지 알려 달라'고
   부탁하세요. 그리고 행동을 변화시키기 위한 노력을 하세요.

3. 배우자나 가족들에게 변화 기술에 대해 설명해 주고, 혹시 그들이 변화하
   고 싶은 행동이 있는지 물어 보세요. 만약 있다면 변화를 위해 도울 일이 있
   는지 물어보고 도우미 역할을 자청해 보세요.

9장

생활 속에서 지속해서 실천하는 **생활화의 기술**

의사소통이 학습된 것임을 깨닫는다면,
우리 자신의 언어 패턴을 바꾸고자 할 때 변화시킬 수 있다.

- 버지니아 사티어

들은 것은 잊어버린다. 본 것은 기억한다.
그러나 행동으로 옮기면 그제야 비로소 이해된다.

- 공자(孔子)

시골에서 중학교에 재학하던 시절 처음으로 자전거 타는 법을 익혔다. 당시 학교까지의 거리는 도보로 이동하기에 너무 멀었고, 버스를 이용하기에는 경제적 부담이 따랐기에 많은 학생들이 자전거 통학을 선택했다. 걸어가는 것과는 비교할 수 없을 만큼 빠르게 등하교하는 친구들의 모습은 선망의 대상이었다.

이러한 내게 오빠는 자전거의 기본 원리를 상세히 전수해 주었다. 안장 높이 조절부터 출발법, 핸들을 활용한 균형 유지, 페달링 그리고 안전한 정지법까지 그 과정은 매우 자상했다. 이론적인 설명이 끝난 후 오빠의 시범이 이어졌고, 이내 오빠가 핸들을 잡아주는 상태에서 직접 승차해 볼 것을 권유받았다. 밀려오는 두려움에 몸이 떨렸으나, 곁에 있는 오빠를 신뢰하며 자전거에 올랐다.

긴장으로 경직된 몸은 자꾸만 오빠 쪽으로 기울어졌지만, 중심을 잡아주는 조력자가 있었기에 페달을 밟아 나갈 수 있었다. 반복된 연습 끝에 두려움이 설렘으로 바뀔 무렵, 오빠는 뒤에서 잡아주겠노라 약속하며 나를 안심시켰다. 그런데 어느 순간 뒤를 확인했을 때 오빠가 손을 놓았다는 사실을 깨닫는 즉시 균형을 잃고 넘어지고 말았다. 무릎에서는 피가 흘렀고 통증이 상당했다. 헬멧이나 보호대조차 없던 시절이었지만, 자전거의 매력을 이미 경험한 상태였기에 포기하고 싶지 않았다.

넘어지고 다시 일어나는 과정을 수없이 반복하면서 점차 자신감이 붙었다. 시원한 바람을 온몸으로 맞으며 미끄러지듯 나아가는 자전거의 스릴은 그 무엇과도 비교할 수 없는 즐거움이었다. 배고픔조차 잊은 채 몰두한 결과, 2주 정도가 지나자 오르막길과 내리막길을 요령 있게 주행하는 수준에 도달했다.

하지만 대학 진학 이후 자전거와의 인연은 끊어졌다. 도시의 발달한

대중교통 체계와 자전거 도로의 부재로 인해 더 이상 자전거를 탈 필요가 없었기 때문이다. 이후 미국으로 이주하며 자전거는 내 삶에서 완전히 잊힌 존재가 되었다.

그러던 중 아들의 대학 졸업식 다음 날 LA 산타모니카 해변(Santa Monica Beach)을 방문했을 때다. 자전거 코스로 유명한 그곳에서 아들의 제안으로 자전거를 대여해 타 보게 되었다. 어린 시절의 기억을 떠올리며 호기롭게 도전장을 내민 나를 보고 아이들은 의구심 어린 표정을 지었다. 무언가 보여주고 싶은 마음에 자전거에 올랐으나, 몸은 마음처럼 움직이지 않았다. 결국 중심을 잡지 못한 채 넘어져 무릎을 다치고 말았다. 30년이라는 공백을 간과했던 나의 오산이었다.

이 사건을 통해 한 번 익힌 기술이라도 지속해서 사용하지 않으면 퇴화한다는 '용불용설(用不用說)'을 뼈저리게 실감했다. 자전거 타기는 개인 선택의 영역이기에 그만두어도 큰 문제가 되지 않는다. 그러나 대화는 다르다. 타인과 공존하며 살아가는 한 대화의 기술은 우리 삶에 꼭 필요한 생존 기술이다.

아무리 훌륭한 대화 기법을 습득했더라도 일상에서 활용하지 않는다면 그 기술은 녹슬고 결국 잊히게 된다. 소통의 기술이 퇴화하지 않도록 배운 바를 삶 속에서 끊임없이 실천하는 것, 그것이 바로 진정한 '생활화의 기술'이다.

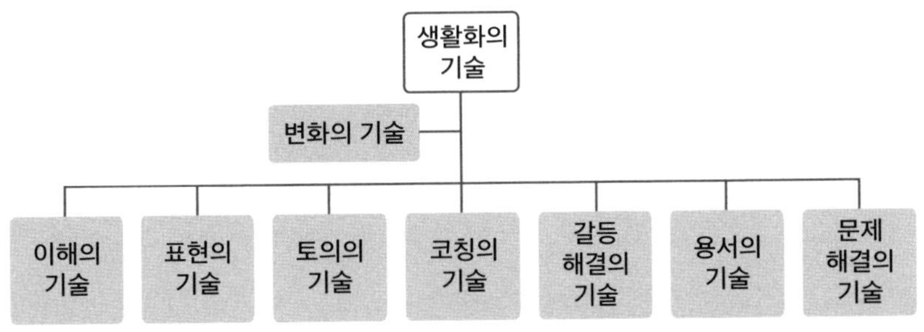

위 도표와 같이 생활화의 기술은 변화를 향한 노력이 일상의 삶 속에서 구체적인 실천으로 이어지도록 지원하는 기술이다. 이는 지금까지 학습한 대화의 기술들을 일상생활에 자연스럽게 적용할 수 있도록 돕는 실무적인 도구이기도 하다. 즉 가정과 직장을 비롯해 종교 단체나 각종 모임 등 학습자가 속한 모든 공동체에서 배운 기술을 즉시 실습할 수 있게 하는 원동력인 셈이다.

이와 관련하여 미국 오하이오주립대학교(The Ohio State University)의 교육학자 에드거 데일(Edgar Dale)이 정립한 '학습의 원추(Cone of Learning)' 이론을 주목할 필요가 있다. 이 이론은 학습자가 선택하는 수단과 방법에 따라 기억의 잔존율이 어떻게 달라지는지 시각적으로 체계화한 학습 모형이다.

학습의 원추에 따르면, 단순한 강의 수강이나 독서, 시청각 교육 및 시연 학습 등은 학습자가 정보를 받아들이기만 하는 수동적 활동에 해당한다. 반면에 그룹 토론을 통해 의견을 교환하거나 실제 실습에 참여하고, 나아가 배운 내용을 타인에게 가르치는 행위는 학습자가 주체적으로 개입하는 능동적 활동이다.

이 모형을 구체적으로 분석해 보면 학습 방법에 따른 기억력의 차이는 매우 확연하게 나타난다. 단순히 강의를 듣는 방식은 2주가 지나면 단 5퍼센트만이 기억에 남고, 독서는 10퍼센트의 기억률을 기록하는 데 그친다. 그러나 시각과 청각을 동시에 활용하는 시청각 교육은 기억력을 20퍼센트까지 끌어올리며, 직접 시범을 참관하는 시연 방식은 30퍼센트까지 증폭시키는 효과를 나타낸다.

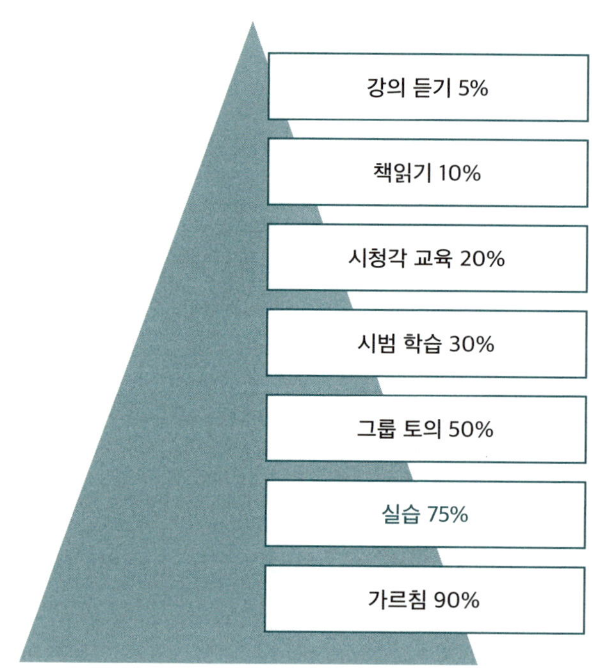

에드거 데일의 학습의 원추(Cone of Learning)

학생이 교육 과정에 직접 참여하는 능동적 학습 방법인 그룹 토의는 참가자 간의 대화와 경청 그리고 이해한 바에 대한 피드백을 주고받는 과정이다. 이 과정에서 자기 생각을 표현하고 학습 내용을 내면화하는 작업이 이루어지기 때문에 학습 효율성은 50퍼센트까지 급증한다. 그룹 토의에서 한 단계 더 나아가 배운 내용을 직접 실천에 옮기는 '실행 중심 학습(Learning by doing)'을 수행하면 기억의 정도는 75퍼센트로 상승한다. 특히 학습 효율성의 정점이라 할 수 있는 '자신이 실천한 것을 다른 사람에게 가르치는 방법(Learning by teaching)'은 기억력을 무려 90퍼센트까지 증대시킨다.

결론적으로 시각, 청각, 후각, 미각, 촉각 등 모든 감각 기관을 동원하여 강의를 듣고, 독서와 시청각 자료 활용을 병행하며, 주제에 대해 심도 있는 토론을 나누고 이를 행동으로 실천할 때 학습 효율성이 극대화되는 것이다. 이러한 맥락에서 에드거 데일의 '학습의 원추' 이론은 대화의 기술을 습득하려는 우리에게 시사하는 바가 크다. 즉 지금까지 학습한 대화 기술의 원칙들을 일상에서 '생활화'하는 것이야말로 기술을 진정 자신의 것으로 만드는 가장 효과적인 방법이라는 사실을 입증하고 있다.

그러므로 대화 기술에 관한 강의를 듣거나 책을 읽는 단계에 머무는 것보다 전문적으로 지도하는 대화 코치로부터 직접 배우는 것이 훨씬 효과적이다. 체계적으로 훈련받은 대화 코치는 실생활 적용 기술을 통해 올바른 대화 패턴을 완전한 습관으로 형성하는 데 결정적인 조력자

역할을 수행하기 때문이다. 이제부터 구체적인 생활화의 기술에서 중요한 원칙들을 체계적으로 학습해 보고자 한다.

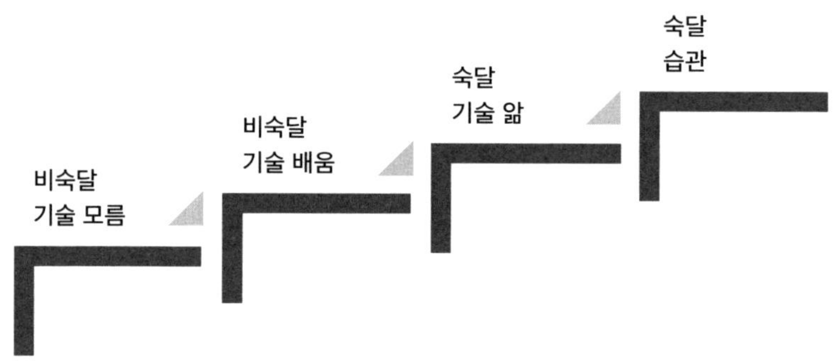

💬 대화의 기술에서 습득과 숙련의 단계

우리가 10가지 대화의 기술을 처음 접했던 순간을 다시금 뒤돌아보자. 당시의 우리는 대화에 관한 이론적 토대는 물론이고 실질적인 기술조차 무지했던 상태, 즉 가장 낮은 첫 번째 단계에서 공부를 시작한 셈이다.

각 장을 거치며 새로운 대화 기법을 습득하고, 이미 배운 내용을 다음 장에서 복습하는 과정을 충실히 밟아왔다. 특히 각 장 말미에 제시된 '관계 향상시키기' 과제를 실천하면서 새로운 기술을 배우고 익히는 일련의 과정을 되풀이했다.

이러한 여정 속에서 대화의 기술에 관한 지식은 점차 쌓여갔지만, 그것을 온전히 자신의 것으로 체화했다고 보기에는 여전히 부족한 상태다. 이것이 바로 앎과 행함 사이에 간극이 존재하는 두 번째 단계, 즉 미숙함의 단계다.

여기서 세 번째 단계로 도약하기 위해서는 멈추지 않는 지속적인 실천이 필수적이다. 이러한 실천의 반복을 통해 머릿속에서만 머물던 지식은 어느덧 가슴으로 내려오고, 자연스러운 말과 행동으로 이어지면서 진정한 기술로 승화된다. 이것이 우리가 기술을 연마하며 경험해 온 일련의 성취이며, '생활화의 기술'이 비로소 숙달된 습관으로 안착하게 되는 마지막 단계다.

1. 일상의 모든 순간을 대화의 연습실로 삼자

새롭게 습득한 대화의 기술은 장소와 대상을 불문하고 최대한 자주 실습하는 것이 핵심이다. 배우자나 자녀 등 가족과의 대화는 물론이고,

친구들과의 모임이나 직장 동료와의 협업 현장에서도 적극적으로 활용해야 한다. 교회나 동호회 같은 공동체 역시 훌륭한 실습의 장이다. 사용 빈도가 높을수록 기술은 더욱 빠르게 내면화되기 때문이다.

처음부터 완벽하게 구사하겠다는 강박에서 벗어나 연습 자체에 의미를 두는 유연한 태도가 필요하다. 배움에는 왕도가 없으며, 오직 시간과 노력 그리고 인내를 통해서만 성취할 수 있는 영역이기 때문이다. 구체적인 목표를 설정하고 실행 계획을 세워 실천한다면 대화의 질은 이전과 비교할 수 없을 정도로 비약적인 성장을 이룰 것이다.

다만 자신의 기술이 향상되었다고 해서 상대방 또한 같은 수준으로 응대할 것이라는 기대는 금물이다. 상대에게 나만큼의 노력을 요구하는 순간 실망이 고개를 들기 때문이다. 설령 부부가 함께 배웠더라도 상대가 숙달되기까지는 상당한 시간이 걸린다는 점을 인정하고 묵묵히 기다려 주는 자세가 관계에 이롭다. 기술을 익히고 나면 타인의 미숙한 대화 방식이 눈에 띄기 마련이지만, 이를 비난하기보다 '기술의 부재'로 이해하면서 오직 자신의 성장에 집중하는 것이 현명한 처사다.

2. 대화의 변화 양상을 예리하게 관찰하자

대화의 기술을 적용했을 때 일어나는 변화를 다각도에서 분석해야 한다. 우선 문제 상황을 복기하면서 기술을 사용했을 때 대체 시나리오를 그려보는 과정이 필요하다. 이론을 배운 직후에는 대화 도중 바로 기술을 떠올리기 어렵지만, 대화가 끝난 뒤 자신의 실수를 인지하는 것만으로도 큰 진전이다. "경청과 피드백이 부족했구나" "나-메시지가 아닌 너-메시지를 사용해 갈등이 커졌구나"처럼 사후 성찰은 다음 대화를 위한 강력한 밑거름이 된다.

또한 기술 사용 여부에 따른 상대방의 반응 차이를 섬세하게 대조해 보아야 한다. 기술을 적절히 구사하면 대화의 흐름이 원만해지지만, 과거의 습관을 반복하면 여전히 부정적인 감정이 교차함을 체감하게 된다. 이처럼 유의미한 차이를 직접 경험하는 과정에서 성취감을 느끼게 되며, 이는 곧 지속적인 실천을 가능케 하는 강력한 동력이 된다.

3. 대화의 기술을 일상의 루틴으로 체화하자

습득한 기술을 무의식적인 습관으로 만들기 위해서는 변화의 원칙들을 끊임없이 복습해야 한다. 발전이 더디게 느껴져 포기하고 싶을 때마다 '성장은 점진적으로 이루어진다'라는 사실을 상기하며 자신을 격려해야 한다. 특히 소통의 두 축인 '이해'와 '표현'의 기술은 언제 어디서나 필수적이므로, 모든 만남에서 이것을 잊지 않으려는 노력이 뒷받침되어야 한다.

상대의 말을 들을 때는 경청의 자세와 공감과 피드백을 기억하고, 내가 말할 차례에서는 사랑과 진실함, 긍정적인 첫마디, 구체적인 부탁의 원칙을 고수해야 한다. 이를 돕기 위해 스마트폰 알람이나 메모 등 상기할 수 있는 물건을 활용하는 것도 좋은 전략이다. 기술 사용 후 느꼈던 긍정적인 감정을 되새기고, 때로는 주변 사람들에게 칭찬과 격려를 부탁하여 실천의 의지를 강화해야 한다. 자신감이 쌓일수록 대화의 기술 연마는 더욱 즐거운 일상이 될 것이다.

4. 전략적 상상력과 계획으로 실전에 대비하자

매일 아침 하루의 일정을 계획하며 어떤 대화의 기술을 발휘할지 구체적인 시뮬레이션을 가동할 필요가 있다. 친구나 동료를 만나기 전 경청의 태도와 토의의 기술을 미리 머릿속으로 그려보는 것만으로도 실전에서의 활용 확률은 비약적으로 상승한다. 의도적인 계획과 상상력은 기술을 습관으로 바꾸는 가장 빠른 지름길이다.

특히 감정이 격해지기 쉬운 위기 상황일수록 철저한 대비가 필요하다. 예기치 못한 비난이나 자존심을 건드리는 상대를 만났을 때 어떻게 대처할지 미리 시나리오를 짜두는 것이 실전에서 큰 힘을 발휘한다. 화가 난 상대의 감정을 먼저 읽었을 때나 내 감정이 앞설 때는 '타임아웃'을 선언하고 'TRUST' 원칙을 떠올리는 등 구체적인 대응책을 마련해 두어야 한다.

만약 실수로 대화를 그르쳤다면 낙담하기보다 기술을 사용했더라면 상황이 어떻게 달라졌을지를 다시 상상하면서 피드백하는 시간을 가져야 한다. 이러한 사후 평가는 유사한 상황에서의 실수를 줄이는 결정적인 역할을 한다. 대화의 기술을 방치하면 비난과 경멸, 방어와 담쌓기로 이어지는 '관계의 종말' 사이클에 빠지기 쉽다. 하지만 기술을 갖춘 사람은 이 고리를 끊어내고 다시 관계를 회복할 수 있는 희망을 소유하게 된다. 결국 대화의 기술은 마음과 마음을 잇고 사랑을 회복시키는 진정한 '관계 향상의 기술'이다.

생활화의 기술 포인트
---

1. 일상의 모든 순간을 대화의 연습실로 삼자.
2. 대화의 변화 양상을 예리하게 관찰하자.
3. 대화의 기술을 일상의 루틴으로 체화하자.
4. 전략적 상상력과 계획으로 실전에 대비하자.

관계 향상시키기
---

1. 위 '생활화의 기술 포인트' 4가지를 암기하도록 노력해 보세요.

2. 이해의 기술을 복습하고 그 원칙들을 가족이나 친구, 동료들과 대화할 때
   사용해 보세요.

3. 표현의 기술에서 원칙 7가지를 복습한 후 가정에서나 직장에서 불만이나
   불평, 부탁할 일이 있을 때 표현의 기술을 사용하면서 대화해 보세요.

4. 매일 아침 생활화의 기술을 실천하기 위해 하루 동안 사용할 대화의 기술
   을 미리 생각해서 활용하도록 보조기억장치로 현관문이나 차 안 또는 스마
   트폰과 태블릿의 일정표에 적어 보세요.

5. 이런 노력의 결과가 어떠했는지 평가해 보세요.

10장 _
대화의 기술을 내 것으로 만드는 **유지의 기술**

습관의 사슬은 끊기 어려울 정도로 강해질 때까지는
너무나 약해서 잘 알아채지 못한다.

- 새뮤얼 존슨

생각을 심으면 행동을 낳는다. 행동을 심으면 습관을 낳는다.
습관을 심으면 성품을 낳는다. 성품을 심으면 운명을 낳는다.

- 새뮤얼 스마일스(Samuel Smiles)

습관은 오랜 연습을 통해 형성되며, 친구가 되어 마침내 인간의 본성이 된다.

- 아리스토텔레스(Αριστοτέλης)

📱 반복의 힘: 변화를 장기 기억으로 만드는 비결

지난 30여 년 가까이 '자녀 양육 학교'를 진행하면서 필자는 부모들에게 한 가지 특별한 부탁을 전해 왔다. 그것은 바로 자녀들에게 '더 좋은 부모가 되기 위해 공부를 시작했다'라는 사실을 솔직하게 알리라는 것이다. 여기에는 두 가지 핵심적인 의도가 담겨 있다. 하나는 부모 역시 더 나은 존재가 되기 위해 부단히 노력하고 있음을 자녀에게 보여주기 위함이고, 다른 하나는 자녀라는 관찰자를 의식함으로써 부모 스스로 배운 바를 실천하려는 강력한 동기를 얻게 하기 위함이다.

수업이 서너 주 정도 흐르면서 아이들은 부모의 언행이 달라지고 있음을 피부로 느끼기 시작한다. 부모들도 자신의 변화에 반응하여 아이들의 태도가 눈에 띄게 부드러워지는 걸 감지한다. 부모의 작은 변화만으로도 아이들은 놀라울 정도로 달라지는 법이다.

한 어머니는 소감 발표 시간에 딸과의 일화를 공유해 큰 울림을 주었다. 어느 날 딸이 "엄마, 자녀 양육 학교 언제까지 가요?"라고 묻기에 다음 주면 끝난다고 답하자, 아이는 실망한 기색을 감추지 못했다. 그러고는 "엄마, 그 학교 계속 다니면 안 돼요? 엄마가 공부하러 가는 동안 내가 동생도 잘 돌볼게요"라고 덧붙였다. 이 이야기에 참석자들은 모두 박장대소했지만, 그 웃음 뒤에는 깊은 공감이 자리하고 있었다. 딸이 학교 종강을 아쉬워한 이유는 명확하다. 공부를 통해 변한 엄마의 모습이 너무나 좋았기 때문에 교육이 끝나면 다시 예전 모습으로 돌아갈까 봐 걱정이 앞선 것이다.

이러한 현상은 '사랑의 대화 학교' 마지막 날에도 반복되었다. 부부들이 변화된 관계와 실천 사례를 나눌 때면 대다수가 비슷한 고백을 털어놓는다. "부부 사이가 전보다 훨씬 좋아졌고 다툼도 줄었습니다. 대화는 부드러워졌고, 함께하는 시간도 늘었습니다. 처음엔 반신반의했지만, 배우자의 변화가 놀랍습니다. 하지만 한 가지 두려운 점은 이 수업이 끝나면 다시 예전의 거친 관계로 회귀하지 않을까 하는 것입니다."

이 고백에 많은 사람이 고개를 끄덕인다. 배운 것을 망각하고 서로에게 상처 주던 과거의 습관을 반복할지도 모른다는 불안은 모두의 공통된 숙제이기 때문이다. 교육 프로그램에 회의적인 이들은 흔히 '그 당시에는 좋았지만, 효과가 오래가지 않는다'라고 말한다. 이른바 '약발'이 금방 떨어진다는 이유로 배움 자체를 포기하기도 한다.

그렇다면 왜 변화의 유효기간은 그토록 짧은 것일까? 그 해답은 독일의 심리학자 헤르만 에빙하우스(Hermann Ebbinghaus)의 '망각 곡선(Forgetting curve)'에서 찾을 수 있다. 16년간 기억 연구에 매진한 그는 인간의 망각이 얼마나 빠르게 일어나는지를 과학적으로 증명했다. 그의 연구에 따르면, 보통 사람은 배운 지 한 시간이 지나면 내용의 50퍼센트를 잊으며, 하루 뒤에는 60퍼센트, 한 달이 지나면 80퍼센트가량을 망각한다.

에빙하우스는 망각에 맞서 배움을 장기적으로 보존할 방법으로 '학습 곡선(Learning curve)' 이론을 제시했다. 연구 결과의 핵심은 '주기적으로 5회 이상 반복하는 것'이 학습 효과를 극대화하는 비결이라는 것이다. 반복은 뇌세포를 활성화하고 강화하여 단기 기억을 장기 기억으로 전환하는 유일한 통로다. 그런 의미에서 '반복'이야말로 학습의 기초이자 변화를 완성하는 최고의 교육 방법인 셈이다.

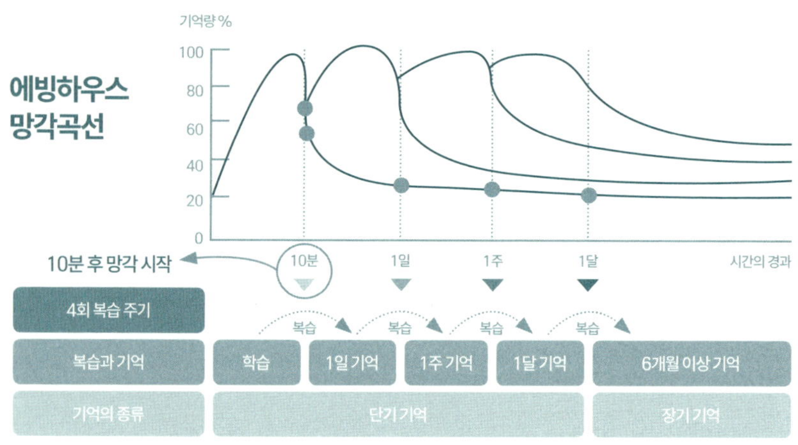

에빙하우스의 망각 곡선 이론에 따르면, 학습한 내용을 온전히 자신의 것으로 소화하기 위해서는 체계적인 반복과 관리가 필수적이다. 이에 따라 지금까지 익힌 대화의 기술이 휘발되지 않고 체득될 수 있도록 돕는 '유지의 기술'에 대한 구체적인 방법론을 살펴보고자 한다.

이미 학습한 대화 기법을 장기 기억으로 전환하고 완전히 습관화하는 데 핵심이 되는 요소는 도표 상단의 변화의 기술, 생활화의 기술, 그리고 정점에 위치한 유지의 기술이다.

본격적인 실천 프로세스는 다음과 같다.

- 변화의 기술 실습: 도표 하단에 제시된 7가지 기초 기술을 부단히 연마

  하여 기존의 대화 패턴을 새롭게 재구조화하는 과정이다.

- 생활화의 기술 적용: 변화를 위한 노력이 일회성에 그치지 않도록 일상

  의 모든 순간에 꾸준히 실천함으로써 이를 자연스러운 습관으로 정착

  시키는 단계다.

- 유지의 기술 완성: 습관이 형성되었다고 해서 안주하지 않고, 정립된 좋

  은 습관을 변함없이 지속해 나가는 것이 이 여정의 최종 목적지이자

  마지막 대화의 기술이다.

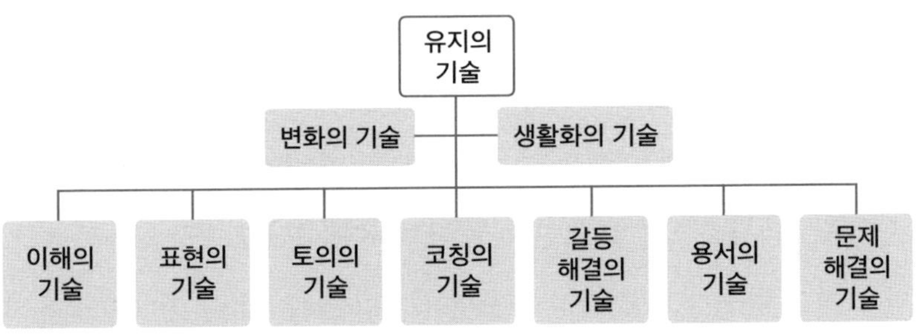

유의지 기술은 크게 두 가지 영역으로 구분되는데, 하나는 대화의 기술을 지속하는 것이고 다른 하나는 원만한 관계를 보존하는 기술이다. 이 두 요소는 불가분의 관계에 있어 독립적으로 분리해 생각할 수 없다. 대화의 기술이 곧 관계 향상의 기술로 불리는 이유는 이를 실천할 때

관계의 질이 개선되기 때문이며, 반대로 관계가 돈독해지면 상호 간의 긍정적인 감정 덕분에 대화와 행동 또한 한층 고양되기 때문이다.

결혼 및 가족 관계 분야의 권위자인 닉 스티넷(Nick Stinnett) 박사는 오랜 탐구 끝에 '건강한 가족을 구성하는 6가지 핵심 특성'을 다음과 같이 정리했다.

- 상호 간의 깊은 헌신과 진심 어린 감사
- 밝고 생산적인 긍정적 의사소통
- 함께하는 시간의 질적인 공유
- 정신적 안녕을 바탕으로 한 위기 극복 능력

스티넷 박사의 연구에 따르면, 건강한 가족은 예외 없이 서로에게 칭찬과 격려 그리고 애정 어린 감사를 아낌없이 표현한다는 공통점이 있다. 이들은 서로에게 기쁨을 전하는 대화에 능숙할 뿐만 아니라 상대를 존중하는 의사소통 기술 또한 매우 탁월하다. 이러한 연구 결과는 행복한 가정을 일구기 위해 긍정적인 대화 기법을 끊임없이 연마하고 유지하는 노력이 얼마나 필수적인지 여실히 보여준다.

최근 출간된 저서 『감사, 변화의 시작』 4장에서는 행복한 부부 관계를 구축하는 데 있어 감사의 표현이 지니는 핵심적 가치를 심도 있게 조명했다. 감사 전문가들은 감사하는 성향을 지닌 사람들이 그렇지 않은 사람들에 비해 대인 관계를 훨씬 원만하고 견고하게 유지한다는 점에 주목한다. 결국 감사는 단순한 관계 유지를 넘어 부부와 부모 자녀, 나아가 동료 간의 정서적 결속을 한층 높은 차원으로 이끄는 강력한 동력이다.

알렉스 우드(Alex Wood) 교수팀의 연구에 따르면, 감사는 관계의 질과 매우 밀접한 상관관계를 맺고 있다고 한다. 감사는 공동체적 연대감과 만족도를 높이며, 용서와 갈등 해결을 유연하게 만드는 호혜주의의 핵심적 기제다. 사라 알고(Sara B. Algoe) 박사 역시 감사가 파트너의 긍정적인 면에 주목하게 함으로써 불필요한 불평을 줄이고 관계의 총체적 만족감을 증진시킨다고 역설한다.

로버트 에몬스(Robert Emmons) 박사 및 마이클 맥컬러프(Michael McCullough) 박사는 감사가 상대방에게 자신이 충분히 '보살핌을 받고 있다'라는 정서적 확신을 부여한다고 설명한다. 특히 게리 채프먼 박사가 제시한 '사랑의 다섯 가지 언어' 중 '인정하는 말'은 감사의 본질과 직결된다. 인정하는 말을 주 언어로 사용하는 사람들에게 감사는 곧 가장 진실한 사랑의 고백이다. 반면 감사가 부재한 환경에 놓인 사람들은 자신이 사랑받지 못한다는 깊은 상실감을 경험하게 된다.

배우자의 헌신과 도움을 당연한 권리로 치부하지 않고 감사를 표하는 행위는 '정서 은행'에 소중한 자산을 저축하는 것과 같다. 존 고트맨 박사는 이러한 심리적 기제를 '긍정적 감정의 밀물 현상(Positive Sentiment Override)'이라고 불렀다. 평소 긍정적인 감정 자산을 풍부하게 축적해 두면 예상치 못한 갈등 상황에서도 상대의 의도를 선의로 해석하려는 심리적 완충 지대(buffer)가 형성된다. 날카로운 비난이 관계의 근간을 파괴한다면 감사는 신뢰를 구축하는 가장 단단한 초석이 된다.

행복한 부부와 대조적으로 불행한 부부는 상대방이 실천하는 긍정적인 행동의 절반가량을 인지하지 못한 채 오로지 결점에만 매몰되는 경향을 보인다. 위기에 처한 부부 관계를 회복시키는 가장 신속한 방책은 서로의 사소한 자질과 작은 행동 속에서 감사의 요소를 발견하는 습관을 형성하는 것이다. 아침에 마시는 커피 한 잔이나 작은 간식처럼 지극히 일상적인 일에 고마움을 전하는 실천이 요구된다. 비록 시작은 서툴고 어색할지라도 반복되는 감사의 언어는 무너진 배려와 존중의 가치를 복원하는 기적을 일으키는 법이다.

유지의 기술은 언제 필요한가?

1. 대화의 기술을 계속 유지하길 원할 때
2. 좋은 관계를 유지하길 원할 때

1. 매일 하루의 일과를 나누고 감사를 표현하자

1. 배우자나 가족들에게 감사를 표현하자.
2. 잠시 몇 분만이라도 함께 대화할 수 있는 시간을 갖도록 하자.
3. 배우자나 가족들과 하루의 일과 속에서
   특별한 감정을 갖게 했던 일이나 사건에 대해 나누자.
4. 서로에게 이해하는 태도를 보여주자.

매일 일정한 시간을 정해 배우자와 가족과 하루의 일과를 나누고 감사를 표현하는 시간을 갖도록 하자. 가족 간에 주고받는 감사는 관계를 더욱 견고하게 결속시키는 접착제와도 같다. 감사는 관계에 기적을 일으키며, 듣는 이의 마음에 깊은 감동을 전하고 그의 존재 가치를 선명하게 빛내 주는 힘이 있다.

'감사의 표현'은 육신을 위한 끼니와 마찬가지로 정서와 정신 건강을 위해 매일 섭취해야 할 '행복 비타민'이다. 관계의 필수 영양소인 이 행복 비타민을 식사 시간이나 차 마시는 시간에 공유한다면 우리의 식탁은 이전보다 훨씬 풍성하고 기적이 창조되는 공간으로 변모할 것이다.

더불어 하루의 사건, 생각, 염려, 감정을 나누는 '경험 모델'에 기초한 대화는 가족의 유대감을 강화한다. 특히 부부가 취침 전 침대에 누워 나누는 '베갯머리 대화(pillow talk)'는 짧은 나눔만으로도 가족의 사랑을 흔들림 없이 지켜주는 든든한 버팀목이 된다.

2. 주 1회 전략적인 대화의 시간을 마련하자

일주일에 한 번은 해결해야 할 과제나 계획을 논의하기 위한 공식적인 대화 시간을 가져야 한다. 대화의 효율을 높이기 위해서는 '무슨 요일 몇 시'인지 구체적으로 정하고 이를 일정표에 기록하는 것이 바람직하다.

논의할 주제를 상대방에게 미리 공유하면 충분히 생각할 여유를 줄 수 있어 더욱 생산적인 토의가 가능하다. 대화를 시작하기 전에는 이미 배운 토의의 기술 원칙을 복습하고 '표현 막대기'와 같은 도구를 준비함으로써 보다 만족스러운 결론에 도달할 수 있다.

3. 주 1회 가족 및 부부 데이트를 하도록 노력하자

일주일에 한 번은 함께 외출하거나 의미 있는 시간을 보내는 데이트 시간을 계획해야 한다. 매달 첫 주에 한 달간의 활동을 미리 계획하면 기다림의 즐거움까지 누릴 수 있다.

상황에 따라 영화 관람이나 공연 같은 특별한 외출을 선택할 수도 있고, 여의치 않다면 집 앞 산책이나 드라이브, 마당에서의 차 한 잔으로도 충분하다. 창의적인 아이디어를 동원해 '함께하는 시간'을 기획하는 열정은 스티넷 박사가 조언하는 '건강한 가정의 비결'이자 활기찬 관계를 유지하는 핵심이다.

4. 지속해서 대화의 기술을 실천하고 훈련하자

대화의 기술은 단순한 이론 습득을 넘어 부단한 실천을 통해 완성된다. 처음에는 내용을 이해하는 것조차 버거울 수 있으며, 실전에서 실패와 성공을 무수히 반복하는 과정은 필연적이다. 또한 감정이 격해지는 예민한 상황에서는 자신도 모르게 방어적인 태도를 보이거나 날카로운 말로 상대에게 상처를 주고 싶은 충동이 일기도 한다.

그러나 포기하지 않고 나쁜 대화 패턴을 교정해 나가는 노력이 중요하다. 갈등 상황에서 즉각 반응하기보다 충분히 생각하고 대화에 임할 때 이전과는 확연히 다른 긍정적인 결과를 얻게 된다.

지속적인 훈련을 통해 대화의 기술이 언어 습관으로 정착되면 오해와 서운함은 줄어들고 마음의 평안이 찾아온다. 어떤 갈등이 닥쳐도 대화로 해결할 수 있다는 확신이 생기기에 더 이상 관계를 두려워할 이유가 없어진다. 진정한 관계의 회복과 성장을 위해 아래의 실천 사항들을 다시 한번 마음속에 새겨 보자.

> 1. 대화의 기술을 매일 생활 속에서 어떻게 활용할 것인지 계획하자.
> 2. 대화의 기술로 인해 당신이 얼마나 도움을 받는지 생각해 보자.
> 3. 대화의 기술을 어려운 상황 속에서 어떻게 사용할 것인지 계획하자.
> 4. 대화의 기술을 사용할 수 있도록 도와달라고 다른 사람들에게 부탁하자.

5. 관계 향상을 위해 평생 학습자가 되자

관계를 개선하려는 노력은 인생 전반에 걸쳐 지속되어야 할 배움의 과정이다. 따라서 일 년에 한두 번은 부부나 가족 관계의 이해를 돕는 전문 프로그램에 참여하는 것이 바람직하다. 대화의 기술은 물론 감사의 기술 훈련, 결혼 생활의 이해, 자녀 양육, 분노 조절 및 스트레스 관리

등 다양한 교육을 통해 더 친밀하고 건강한 관계를 유지하려는 능동적
인 태도가 필요하다.

📑 가르침을 통해 완성되는 관계의 기술

- 배움의 체화와 가르침: 학습한 대화의 기술을 온전히 자신의 것으로 만드는 가장 효과적인 방법은 타인을 가르치는 것이다. 이는 에드거 데일의 '학습의 원추' 이론에서도 증명된 사실이다.
- 연구와 실천의 중요성: 독서 그룹에서 이 책의 내용을 토론하거나 누군가를 가르치기 위해 내용을 연구하고 실천하는 과정에서 배움은 비로소 체화된다.
- 성장을 위한 구체적인 전략: 대화의 기술 세미나의 코치나 멘토로 활동하거나 강사 자격증 취득에 도전하는 것은 매우 유익한 전략이다.
- 동반 성장의 가치: 후배 부부를 돕는 멘토가 되어 '배우기 위해 가르치고, 가르치기 위해 배우는 삶'을 실천할 때 본인의 관계 또한 함께 향상되는 기쁨을 누릴 수 있다.

정성껏 일군 텃밭의 채소가 단 2주의 방치만으로도 말라 죽듯 인간관
계 역시 지속적인 보살핌이 핵심이다. 비료를 주고 물을 주어야 식물이
자라나듯 친밀한 관계를 유지하기 위해서는 끊임없는 관심과 노력이

뒷받침되어야 한다. 자동차를 최상의 상태로 유지하기 위해 정기적으로 엔진오일을 갈고 부품을 점검하는 것과 같은 이치다. 관리를 소홀히 한 자동차가 결국 고장 나듯 관계 또한 적절한 조치를 취하지 않으면 기능을 상실하고 만다. 즉 100세 시대를 살아가는 우리에게 '너무 늦은 때'란 없으며, 더 깊은 친밀감을 위한 배움은 멈추지 말아야 할 과업이다.

우리는 어린 시절 수없이 넘어지면서도 결코 걷기를 포기하지 않았다. 대화의 기술을 익히는 과정도 이와 같다. 책에서 배운 기술들이 단숨에 내 것이 되지는 않기에 인내심을 갖고 꾸준히 연습하는 훈련이 필수적이다. 이해의 기술부터 유지의 기술까지 차근차근 복습하며 대화의 수준을 업그레이드해야 한다. 때로 실천이 힘들어 좌절감이 찾아와도 다시 일어서는 아이처럼 몰두해야 한다.

나의 변화된 대화 방식은 주변 사람들에게도 긍정적인 영향을 미친다. 물속에 던져진 작은 돌멩이 하나가 호수 전체에 파문을 일으키듯 한 사람의 실천은 장벽 없는 소통과 행복한 가정, 나아가 건강한 사회를 만드는 시작점이 된다. 곧 소통의 기술을 연마하여 관계의 중심에서 행복한 변화를 주도하는 사람이 되는 것은 가치 있는 일이다.

유지의 기술 포인트

1. 매일 하루의 일과를 나누고 감사를 표현하자.
2. 주 1회 전략적인 대화의 시간을 마련하자.
3. 주 1회 가족 및 부부 데이트를 하도록 노력하자.
4. 지속해서 대화의 기술을 실천하고 훈련하자.
5. 관계 향상을 위해 평생 학습자가 되자.

관계 향상시키기

유지의 기술을 계속 실천할 수 있도록 다음의 '유지의 기술 계획표'를 부부(가족)가 함께 토의한 후 작성해 보세요. 그리고 함께 실천해 보세요.

유지의 기술 계획표
친밀한 관계 유지 및 향상 계획

	유지 계획	활동	언제	계획
매일	이해의 기술, 표현의 기술 실습	① 감사 표현하기 ② 하루 일과 중 특별한 일 　 한 가지씩 나누고 보여주기		
매주	토의의 기술 실습	문제나 부탁할 사항 토의하기		
매월	관계 향상 유지	부부, 자녀와 데이트나 특별 활동		
매년				

관계의 근육을 단련하는 여정을 마치며

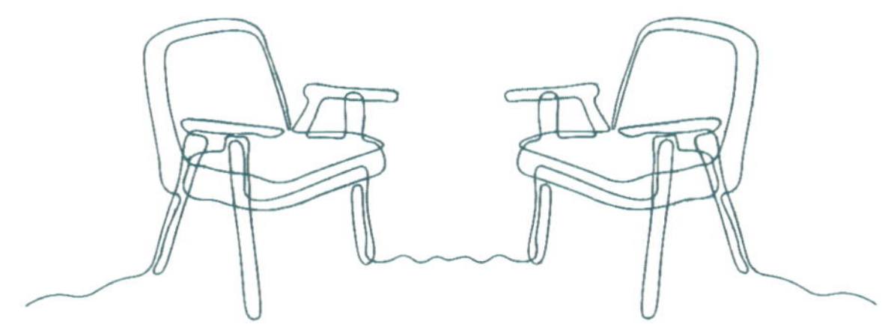

인성은 태생적으로 결정된 고정불변의 성품이 아니다. 그것은 매일의 선택과 반복된 훈련을 통해 몸에 배는 '근육'과 같다. 신체 근육이 저항 운동을 통해 단단해지듯 인성 역시 타인과 부딪히고 연결되는 과정 가운데 끊임없이 단련되는 실천적 기술(life skills)의 집합체다. 결국 인성 교육이란 단순히 '착한 사람'이 되어야 한다는 도덕적 당위를 넘어 타인의 감정을 정교하게 읽어내고 나의 욕구를 건강하게 표현하는 구체적인 기술을 습득하는 과정이다.

이 책을 집필하면서 필자는 자신에게 뼈아픈 질문을 던졌다. 대화 전문가로서 타인에게 사용하는 정제된 언어와 가장 가까운 가족에게 무심코 내뱉는 일상의 언어 사이에 괴리는 없는지 되돌아본 것이다. 솔직히 고백하건대, 대화를 체계적으로 배우기 전의 필자 또한 서툴고 잘못된 의사소통 방식에 갇혀 있었다. 익숙한 습관을 인지하고 언어를 교정하는 과정은 생각보다 고통스러운 기술의 영역이었다. 지금도 방심하는 순간이면 과거의 부끄러운 습관이 불쑥 고개를 들곤 하지만, 이제는 그 자책마저 단련의 한 과정임을 잘 알고 있다.

대화의 기술을 익힌 후 찾아온 결정적인 변화는 '완벽해지는 것'이 아니라 '알아차리는 것'이다. 자신의 실수를 즉시 발견하고 이를 겸손하게 인정하며, 진심 어린 사과로 관계의 보수 작업을 시작할 수 있게 된 것이 가장 큰 수확이다. 실수를 아예 하지 않는 것이 아니라 실수한 뒤에도 다시 관계를 회복할 수 있는 회복탄력성을 갖게 된 것이다. 오랜 세월 필자의 대화 상대가 되어 주면서 나의 부족함을 깨닫게 해 준 사랑하는 가족들 그리고 기술을 실천하며 인격과 관계의 변화를 일궈낸 모든 분들께 깊은 감사를 전한다.

이제 책장을 덮고 일상으로 돌아갈 독자 여러분도 필자가 겪은 시행착오의 과정을 경험하게 될 것이다. 때로는 좌절하고 과거로 퇴보하는 기분에 휩싸일지도 모른다. 하지만 당장 내일부터 완벽해지지 않아도 괜찮다. 서툴고 삐걱거리는 그 과정 자체가 이미 변화가 시작되었다는 증거이기 때문이다. 포기하지 않고 이 열 가지 기술을 일상에 적용하다 보면 어느 순간 날 서 있던 저녁 식탁의 공기가 부드러워지고 침묵만 흐르던 거실에 온기가 도는 기적을 마주하게 될 것이다. 그 작은 변화들이 모여 당신을 둘러싼 모든 관계의 풍경을 근본적으로 바꾸어 놓을 것이다.

나 한 사람이 변할 때 가정이 살아나고 직장이 화목해지며, 우리가 속한 공동체는 비로소 밝고 아름다워진다. 필자 또한 여전히 이 길 위에서 함께 근육을 단련하는 동행자로서 당신의 여정을 마음 다해 응원한다. 당신의 변화가 만들어 낼 눈부신 기적을 기대하며, 기쁨과 설렘으로 이 책을 세상에 내놓는다. 변화의 시작은 바로 지금, 당신의 입술에서 시작되는 한마디의 다정한 대화다.

부록

부록 1: 무슨 말을 할지 미리 계획하기

나의 염려나 문젯거리: ___________________________

<table>
<tr><td>나 자신을 준비시키기</td></tr>
<tr><td>1. 좋은 것이나 긍정적인 것을 기억하는 것으로 이야기를 시작하세요. 그것이 무엇인지 생각해 보세요.</td></tr>
<tr><td>2. 당신 자신의 관점으로부터 이야기하세요. 어떻게 하면 상대방을 비판하거나 판단하지 않고 자신의 관점을 잘 표현할 수 있을까요?</td></tr>
<tr><td>3. 당신의 감정과 함께 당신에게 중요한 모든 것을 이야기하세요. 당신은 지금 어떤 감정을 갖고 있나요? 복잡하거나 뒤섞인 감정이 있다면 그것은 무엇인가요?</td></tr>
<tr><td>4. 당신이 원하는 것을 구체적으로 부탁하세요.</td></tr>
<tr><td>5. 상대방을 화나게 하는 단어는 피하세요. 당신이 자주 사용하는 자극적인 말이나 표현은 무엇인지 생각해 보세요. 그동안 사용했던 자극적인 말 대신에 사용할 단어를 생각해 보세요.</td></tr>
</table>

<table>
<tr><td>상대방의 입장(배우자, 자녀 또는 다른 사람) 생각해 보기</td></tr>
<tr><td>1. 당신이 대화하고 있는 그 사람에게 지금 어떠한 일이 일어나고 있는지 생각해 보세요.</td></tr>
<tr><td>2. 상대방의 관점은 무엇인가요?</td></tr>
<tr><td>3. 상대방은 지금 어떤 감정을 품고 있나요? 부정적인 감정이나 격렬한 감정을 품고 있나요?</td></tr>
<tr><td>4. 상대방이 원하는 것은 무엇인가요?</td></tr>
</table>

🗩 부록 2: 우리의 갈등 해소 계획

1. 그동안 부부간이나 부모와 자녀 간에 사용해 왔던 갈등의 패턴 중 멈
   추고 싶은 행동들을 설명해 보세요. 두 사람 사이의 갈등이 어떻게
   고조되어 가는지 생각해 보세요. 주로 싸움을 시작하는 사람은 누구
   이며, 어떤 방법으로 화를 자극하는지 써 보세요. 상대방이 화를 내
   면 거기에 대해 자신은 어떻게 대응하는지 써 보세요. 그리고 먼저
   사과하는 쪽이 누구인지, 어떻게 해서 갈등이 끝이 나는지 영상을 보
   듯 가능한 한 자세하게, 그리고 단계별로 설명해 보세요. 그 과정을
   그림이나 도형으로 그려 보세요(‘부록 2’ 참조).

2. 부정적인 갈등 패턴을 변화시키기 위해 당신이 사용할 전략과 방법
을 상대방과 이야기한 후 '부록 3'의 '갈등 해소 계획안'에 적고 실천
해 보세요('부록 3' 참조).

3. 지금까지 살아오면서 터득한 '화가 풀리는 방법'들 가운데 관계를 파
괴하는 부정적인 방법이 아니라 건설적인 방법을 적은 후 배우자나
가족과 함께 이야기하고 실천해 보세요('부록 4' 참조).

📋 부록 3: 갈등 해소 계획안

T(Time Out), 타임아웃하기	
우리의 타임아웃 사인은?	
타임아웃 시간은 어느 정도로 할까?	
화를 진정하기 위해 내가 할 일	화를 진정하기 위해 그가 할 일
두 사람 중 한 사람의 감정이 치솟아 오르거나 신체적인 위험을 느낄 때 무엇을 할 수 있을까?	
R(Respect), 화날 때도 존중하기: 존중 전략들(코칭의 기술에서 생각해 본, 존중을 위해 할 일 적기)	
U(Understanding), 이해하기: 이해하기 힘들 때는 어떻게 할까?	
S(Skills), 기술 사용하기: 갈등이 생길 때 대화의 기술 사용을 상기시켜 주는 방법?	
T(Talk it together), 함께 이야기하기	

부록 4: 건설적으로 화를 다스리는 50가지 방법

다음은 화난 감정을 가라앉히고 스트레스를 감소시키는 데 효과적인 방법들입니다. 자신이 좋아하는 방법을 찾아 보고, 이를 실천해 보세요.

응급조치	즐거운 일 하기	몰입하기
· 복식 호흡하기 · 근육의 긴장과 이완하기 · 천천히 스트레칭하기 · 재미있는 영상 보기 · 평화로운 장소를 상상하기 · 당신의 팔과 다리가 부드럽고 따뜻하게 된다고 상상하기 · 오랫동안 뜨거운 목욕하기 · 샤워하기 · 따뜻한 국(수프) 마시기 · 허브차 마시기 · 좋은 향 맡기 · 반려동물 쓰다듬기 · 다른 일에 집중하기	· 아이들과 놀기 · 노래하기 · 악기 연주하기 · 책 읽기 · 영화 보기 · 춤추기 · 쇼핑하기	· 그림 그리기 · 물감 색칠하기 · 해결책을 구체화하기 · 식물 돌보기 · 요리하기 · 작업하기 · 스크랩북 작업하기 · 좋아하는 것 만들기 · 고장 난 것 고치기

생각 발산하기	운동하기	더 깊은 체험
· 친구와 대화하기 · 감정 발산하기 · 소리 지르기 · 글쓰기 · 생각 날려 보내기	· 걷기 · 농구 하기 · 나무 자르기 · 에어로빅하기 · 근력 운동하기 · 청소하기 · 수영하기 · 활동적인 운동하기	· 결과에 대해 생각하기 · 해결책에 대해 생각하기 · '내가 다르게 할 수 있는 일이 무엇인가?'라고 묻기 · 기도하기 · 명상하기 · 촛불 바라보기 · 하늘 바라보기 · 자신에게 이해심 보여주기

🗩 부록 5: 문제 해결 실습장 (IDEAL Problem Solving Sheet)

1. 문제 (Identify the Problem)	
2. 문제가 되는 이유, 염려와 걱정 (Define problem or core concerns)	
자신의 주요 관심사나 염려	상대방의 주요 관심사나 염려

3. 문제 해결 전략 (Examine options and solutions)

1) 일반적 합의 사항

2) 행동 세부 사항들

누가	무엇을	언제/ 어디서	어떻게
특별한 상황		평가 날짜	

4. 결정 사항 실천하기 (Act on a plan)

5. 결과 평가하기 (Look at the consequences)

인간관계를 변화시키고 마음을 읽는 10가지 대화법

대화의 기술

초판 1쇄 인쇄 2026년 4월 20일
초판 1쇄 발행 2026년 5월 10일

지은이 정정숙

펴낸이 조현철
펴낸곳 도서출판 행복플러스
출판등록 2022년 4월 21일 제 25100-2022-000032호
주소 경기도 파주시 청석로 300, 924-401
전화 031-943-9754
팩스 031-945-9754
전자우편 karisbook@naver.com
총판 비전북 031-907-3927

ISBN 979-11-979105-6-2 03190

값 18,000원